全国交通运输行业职业技能鉴定教材——汽车维修工

汽车车身涂装修复工 职业技能鉴定教材

交通运输部职业资格中心
（交通运输部职业技能鉴定指导中心） 组织编审

QICHE CHESHEN TUZHUANG XIUFUGONG
ZHIYE JINENG JIANDING JIAOCAI

人民交通出版社股份有限公司
China Communications Press Co., Ltd.

内 容 提 要

本书包括汽车车身涂装修复工在通过国家职业技能鉴定时应该掌握的技能要求和相关知识要求。

本教材是汽车维修工职业技能鉴定的辅导用书,也可作为职业院校汽车类专业的教学用书,还可作为汽车维修行业相关人员自学与继续教育的参考教材。

图书在版编目(CIP)数据

汽车车身涂装修复工职业技能鉴定教材／交通运输部职业资格中心,交通运输部职业技能鉴定指导中心组织编审. —北京:人民交通出版社股份有限公司,2017.9

全国交通运输行业职业技能鉴定教材. 汽车维修工

ISBN 978-7-114-14252-9

Ⅰ.①汽… Ⅱ.①交… ②交… Ⅲ.①汽车—车体—涂漆—职业技能—鉴定—教材 ②汽车—车体—车辆修理—职业技能—鉴定—教材 Ⅳ.①U472.4

中国版本图书馆 CIP 数据核字(2017)第 250967 号

书　　名:	汽车车身涂装修复工职业技能鉴定教材
著 作 者:	交通运输部职业资格中心 (交通运输部职业技能鉴定指导中心)
责任编辑:	刘　洋
出版发行:	人民交通出版社股份有限公司
地　　址:	(100011)北京市朝阳区安定门外外馆斜街 3 号
网　　址:	http://www.ccpress.com.cn
销售电话:	(010)59757973
总 经 销:	人民交通出版社股份有限公司发行部
经　　销:	各地新华书店
印　　刷:	中国电影出版社印刷厂
开　　本:	787×1092　1/16
印　　张:	9.75
字　　数:	222 千
版　　次:	2017 年 11 月　第 1 版
印　　次:	2019 年 9 月　第 3 次印刷
书　　号:	ISBN 978-7-114-14252-9
定　　价:	50.00 元

(有印刷、装订质量问题的图书由本公司负责调换)

全国交通运输行业职业技能鉴定教材
——汽车维修工
审定委员会

主 任 委 员：申少君

副主任委员：朱传生

委　　　员：王福恒　郝鹏玮　黄新宇　贾彦勇

　　　　　　　魏俊强　陶　巍　张　泓　吴晓斌

　　　　　　　苏　霆　李远军　陈　琦

《汽车车身涂装修复工职业技能鉴定教材》编写人员

主　　编：张小鹏

参　　编：梁思龙　陈　浩　袁　强

前言

为做好交通运输行业职业技能培训及鉴定工作,在汽车维修从业人员中推行国家职业资格证书制度,交通运输部职业资格中心(交通运输部职业技能鉴定指导中心)组织汽车维修行业的有关专家编写了《全国交通运输行业职业技能鉴定教材——汽车维修工》。

本套教材共6本,分别为:《职业道德和基础知识》《汽车检测工、汽车机械维修工、汽车电器维修工职业技能鉴定教材(初级、中级、高级)》《汽车检测工、汽车机械维修工、汽车电器维修工职业技能鉴定教材(技师、高级技师)》《汽车车身整形修复工职业技能鉴定教材》《汽车车身涂装修复工职业技能鉴定教材》《汽车美容装潢工、汽车玻璃维修工职业技能鉴定教材》。

本教材具有以下特点:

(1)坚持标准引领。教材以《汽车维修工国家职业技能标准》为基本遵循,注重把职业标准的内容与要求贯穿于教材编写全过程,并结合汽车维修工工作实际对教材内容予以拓展。

(2)突出知识结构。教材列明了不同级别的汽车维修工应该掌握的技能要求和知识要求,结构合理、层次清晰,便于汽车维修工准确了解掌握学习内容,满足了不同级别汽车维修工的学习需求。

(3)注重职业能力。教材内容以职业活动为导向,以提升职业能力为核心,突出职业特色,体现能力水平,具有较强的针对性和可操作性。

(4)体现专家权威。参与教材编写和负责教材审定的同志来自知名职业院校、维修企业、交通运输行业汽车维修主管部门和职业资格工作专门机构,具有扎实的理论功底、丰富的实践经验和良好的职业素养。

本教材是汽车维修工职业技能鉴定的辅导用书,也可作为职业院校汽车类专业的教学用书,还可作为汽车维修行业相关人员自学与继续教育的参考教材。

本教材的编写与审定,得到了汽车维修行业相关专家、学者和部分交通运输行业主管部门、职业院校、维修企业的大力支持,在此一并致谢!

由于教材编写时间紧、内容多、任务重,加之编审水平有限,教材定有不足之处,恳请广大读者批评指正。

交通运输部职业资格中心
(交通运输部职业技能鉴定指导中心)
二〇一七年七月

目录 CONTENTS

第一章 涂装安全知识 ... 1
- 第一节 国家环保法规现状及要求 ... 1
- 第二节 消防安全 ... 4
- 第三节 职业健康 ... 7

第二章 涂料基本知识 ... 16
- 第一节 涂料类型 ... 16
- 第二节 涂装维修用重要耗材 ... 20

第三章 涂装维修用设备、工具知识 ... 23
- 第一节 干磨系统 ... 23
- 第二节 喷枪 ... 27
- 第三节 喷烤漆房 ... 39
- 第四节 压缩空气供气系统 ... 45
- 第五节 遮蔽工具、材料及遮蔽方法 ... 50
- 第六节 水性汽车修补漆相关设备及工具 ... 56
- 第七节 红外线烤灯 ... 60

第四章 汽车车身金属工件涂装修复 ... 65
- 第一节 损伤修复整平 ... 65
- 第二节 喷涂底漆 ... 76
- 第三节 面漆前处理 ... 84
- 第四节 喷涂面漆 ... 90
- 第五节 抛光 ... 106

第五章 汽车车色调色 ... 111
- 第一节 调色方法及流程 ... 111
- 第二节 调色基本知识 ... 117
- 第三节 素色漆调色要点 ... 122
- 第四节 银粉漆调色要点 ... 124
- 第五节 三工序珍珠漆调色要点 ... 126

第六章　涂膜缺陷分析、判断及解决 …………………………………………………… 129
　第一节　分析判断涂膜缺陷原因及问题解决 …………………………………………… 129
　第二节　撰写涂膜缺陷分析报告 ………………………………………………………… 143
参考文献 ……………………………………………………………………………………… 146

第一章 涂装安全知识

第一节 国家环保法规现状及要求

1. 国家环保法规对涂装维修产品的 VOCs 限制及排放要求(初级技能);
2. 维修企业减少 VOCs 排放、降低污染的环保措施(初级技能)。

技能要求

1. 使用符合国家环保法规的低 VOCs 涂料及相关产品完成涂装修复(初级技能);
2. 以符合国家环保法规的方式处理涂装维修修复工作产生的危险废物(初级技能)。

出于车辆保护的需要,以及美观及特殊标识的需要,汽车生产厂及汽车零部件生产厂,会根据车型、车身或者零部件底材,使用高温漆或者低温漆进行涂装。当车辆发生事故或者车身漆面受损时,汽车就需要在汽车维修企业使用低温修补漆进行维修涂装。

涂料由树脂、颜料、溶剂、添加剂组成,涂料需要合适的黏度才能储存和施工,故涂料的成分中含有溶剂,涂装前还需要加入稀释剂,稀释剂也是一种溶剂,这些溶剂基本上都是属于挥发性有机化合物(Volatile Organic Compounds,简称 VOCs),不同国家对 VOCs 的定义有所不同,例如美国将部分溶剂定义为豁免溶剂,不包括在 VOCs 之内,VOCs 是涂料中对环境起到主要影响作用的成分。对于溶剂型涂料来说,溶剂型底色漆所含的 VOCs 约为 750g/L,溶剂型清漆的 VOCs 约为 560g/L,这些 VOCs 都会在涂装后挥发到空气中。

一、涂料中 VOCs 的排放对环境造成的主要影响

(1) VOCs 挥发进入大气层后,能与大气中的工业废气,如硫氧化物、氮氧化物、氨及汽车尾气排放物等通过发生复杂的化学反应,产生小于 $2.5\mu m$ 的可吸入肺部的颗粒物,即人们熟知的 PM2.5。

(2) VOCs 也是造成酸雨、光化学烟雾等环境问题的主要元凶。

(3) 在太阳光的照射下,VOCs 能与空气中的氮氧化物反应生成臭氧(O_3),这些臭氧会聚集在距离地球表面上方 10km 处的对流层中,这个距离的臭氧和人们平时熟知的需要保护的大气臭氧层不同,后者距离地球表面约 40km,能够过滤太阳光中波长 240~320nm 的紫外线,从而对生物起到保护作用;而对流层中的臭氧作为一种强氧化物,会和空气中的氮硫化物

反应,进而生成一些有害物质,会对人类的肺部功能带来影响,甚至造成严重的呼吸道疾病。

所以要对涂料施工过程中 VOCs 的排放,以及废涂料采取恰当的方法进行处理,否则 VOCs 就会对工作环境和人们的生活环境造成巨大的影响。

二、减少汽车涂装 VOCs 排放的环保法规及标准

全世界各国包括我国都陆续颁布了一些环保法规,以控制和减少汽车涂装中的 VOCs 排放,以保护环境和人类健康。

2004 年,欧盟颁布针对汽车修补和建筑装饰涂料为主的 PPD 法规,管理较之前法规更为具体、严格,要求涂料生产厂家及进口商只能将符合法律规定的产品投入市场,且 VOCs 的含量必须打印在产品标签上,以识别产品是否符合规定。PPD 法规根据汽车涂料产品的不同分类,设立了不同的 VOCs 排放最高限量,从而对汽车涂料提出了更高的环保要求,如面漆(底色漆、清漆)的 VOCs 限量为 420g/L,这就需要底色漆产品必须全部转换为水性色漆方能达到 PPD 的该项标准。该法规于 2007 年 1 月 1 日正式生效,自此欧盟国家汽车涂装维修开始全面使用水性底色漆和高固体分含量底漆、清漆产品。

美国加利福尼亚州空气资源委员会(CARB)自 2008 年 7 月起在加利福尼亚州实施较联邦法令更为严格的 1151 号法规,和欧盟 PPD 法规类似,产品的外包装上要有该产品 VOCs 排量的信息,之后美国各州又制定了各自的州法规,由于美国各州的环境污染情况不同,美国加利福尼亚州的环保法规的要求最为细致和严格。继美国之后,加拿大(2010 年)、韩国(2010 年首尔,2012 年韩国全国)、中国香港(2011 年 10 月)也相继实施限制 VOCs 排放的环保法规。

我国政府及地方政府对环境保护非常重视,例如"十三五"规划中的环保任务就是将汽车维修行业列为 VOCs 排放重点治理行业。虽然目前我国还没有制定全国性的涂料 VOCs 排放的环保法规,但各省(区、市)已陆续制定地方性技术标准,最先是北京市(2015 年 9 月)和深圳市(2015 年 8 月)先行制定。由于饱受环境问题困扰,北京市地方标准与欧美类似,又兼顾我国国情,北京地方标准《汽车维修业大气污染物排放标准》(DB 11/1228—2015)分两阶段实施,Ⅰ阶段对现有企业按《汽车涂料有害物质限量》(GB 24409—2009)中的涂料 VOCs 含量限值标准执行,2017 年 1 月起,实施更严格的Ⅱ阶段标准——底漆、中涂和清漆转用高固体分低 VOCs 的溶剂型涂料,色漆转用水性涂料。北京地方标准《汽车维修业大气污染物排放标准》(DB11/1228—2015)的 VOCs 含量限值见表 1-1。

北京地方标准《汽车维修业大气污染物排放标准》(DB11/1228—2015)VOCs 含量限值

表 1-1

涂料种类	VOCs 含量限值(g/L)①	
	Ⅰ阶段	Ⅱ阶段②
底漆	670	540
中涂	550	540
底色漆(效应颜料漆、实色漆)	750	420
罩光清漆	560	480
本色面漆	580	420

注:①即用状态下。

②溶剂型涂料检测方法参考《色漆和清漆 挥发性有机化合物(VOC)含量的测定 差值法》(GB/T 23985—2009)中的 8.4 执行;水性涂料检测方法参考《色漆和清漆 挥发性有机化合物(VOC)含量的测定 气相色谱法》(GB/T 23986—2009)中的 10.5 执行。

深圳市、天津市、南京市都出台地方标准要求汽车维修喷漆必须在密闭且通风的喷漆房内进行。

三、维修企业减少 VOCs 排放、降低污染的环保措施

（1）使用低 VOCs 产品，如水性漆、高固体分溶剂型涂料，这是降低 VOCs 最为有效和直接的方法。

水性漆是以去离子水为主要溶剂从而实现低有机挥发物（VOCs）含量的绿色环保产品。相较传统油性溶剂型油漆，水性漆具有对环境、人类健康危害小，且不易燃等众多优点。传统油性溶剂型油漆则以有机溶剂为主，易燃，具有刺激气味，因含有较多的化学性挥发物质，如果涂装时防护措施不全面，对人体健康影响较大。

目前汽车生产厂在涂装生产线已经主要使用水性电泳底漆、水性底色漆，中涂底漆和清漆则选用高固体分溶剂型产品，并且使用高效的 VOCs 回收处理设施，少数厂家在使用水性中涂底漆、水性清漆或粉末清漆从而实现低 VOCs 排放。目前国内在汽车生产线全部或部分使用水性漆的汽车厂商已近 20 家，由于法规的加强，近几年新建的汽车原厂生产线更是基本都使用水性电泳底漆、水性底色漆和低 VOCs 排放的高固体分溶剂型中涂底漆、清漆。

水性汽车漆产品自 1986 年发明以后，汽车维修行业 20 世纪 90 年代就开始使用水性漆。水性汽车修补漆产品包括水性环氧底漆、水性中涂底漆、水性底色漆、水性清漆，但由于色漆涂装环节所产生的 VOCs 排放一般会占到整个施工流程 VOCs 排放的近 50%，故国际汽车修补漆领域减少 VOCs 排放的主流产品配套是采用水性底色漆配合高固体分中涂底漆和高固体分清漆的方法。以单位面积所产生的 VOCs 来衡量，使用水性底色漆配合高固体分清漆可减少售后碰撞修补过程中的 VOCs 排放达 70% 以上。国内多家汽车厂商在其售后渠道全面、积极推广水性底色漆，在这些汽车生产厂商及涂料生产厂商的积极引导下，汽车维修行业使用水性漆的企业数量每年都在成倍增长。

VOCs 的含量通常以每升油漆中所含的有机溶剂克数来计算，单位为克每升。目前市场上常见的质量较好的溶剂型底色漆的 VOCs 约为 750g/L，溶剂型清漆的 VOCs 约为 560g/L，而水性底色漆的 VOCs 仅为 100g/L 左右。换言之，水性底色漆中所含 VOCs 只有 10% 左右，而溶剂型底色漆中所含 VOCs 则达 70% 左右。水性漆不仅减少了 VOCs 排放，也减轻了对喷漆技师及钣喷车间其他工作人员的身体伤害，因为涂料中的挥发性有机化合物会对人类的中枢神经系统、造血系统、肝肾机能、皮肤、呼吸道黏膜带来不良影响，所以使用水性底色漆可降低喷漆技师职业健康风险，另外也会减少喷漆维修过程中有机溶剂对车辆内部的污染和影响，有利于驾乘人员的身体健康。

水性漆和溶剂型产品在施工性能方面有些性能甚至表现更好。水性漆产品自 1986 年发明以后，大型汽车涂料厂商的水性漆产品通过不断的开发升级，目前已经完全克服了早期阶段水性漆干燥速度慢于溶剂型漆的缺点，以正确的工艺及方法使用水性漆，水性底色漆的整体喷涂时间更少，色漆喷涂时间平均能减少 50% 左右。

在施工性能方面水性漆还具有以下优点：

①颜色遮盖力好，用量较传统溶剂型底色漆、平均能节省大约 30%，这样就可以减少施工时间，提高生产效率，提高客户满意度。

②水性底色涂膜厚较溶剂型底色漆薄,流平更好,表面更光滑,配合以高质量清漆,表面效果更为清澈透亮,光泽更高。

③颜色稳定性好,颜色不易受不同的喷涂手法影响,驳口修补相对于溶剂型色漆更容易操作,不容易出现修补区域黑圈、发花等缺陷。

由于喷涂、修补操作更为简单,效率又高,加上水性汽车修补漆在颜色、涂膜牢度和耐久度上也均能达到或超过溶剂型油漆的修补效果,所以水性汽车修补漆开始得到越来越多的应用。

(2)选择环保喷枪来降低涂料使用量,从而减少 VOCs 排放。如使用 HVLP(高流量低气压)喷枪可以将涂料的传递效率由 30%～40% 提高至 65%,减少飞散油漆量,减少油漆用量,从而达到减少 VOCs 排放的目的。由于可以减少油漆用量,降低 VOCs 排放的同时经济效益也很可观。

(3)采用活性炭吸附法降低废气中有害物质的排放,利用活性炭作为物理吸附剂,使废气中有机物吸附在活性炭表面而得到净化。具有吸附能力的物质还有氧化硅、氧化铝等,其中以活性炭应用最为广泛。将活性炭装入容器内,安装在排风管道中,废气通过活性炭吸附后从另一端排出。使用过的活性炭可以再生,也可交由具备专门环保资质的机构回收处理。

(4)按照国家环保法规要求处理涂装废物。涂料在使用过程中,除了会产生废气外,还会产生一些液、固态废物,如含颜料的有机废溶剂,过期的产品,以及沾有涂料的一些清洁布等。《国家危险废物名录》中的 49 类危险废物中涉及涂料废物的有 4 类,分别是 HW12 染料、涂料废物,HW13 有机树脂类废物,HW42 废有机溶剂,HW49 废活性炭。

这些危险废物如果不妥善处置,不仅会污染环境,对处在作业现场的人员健康产生影响,也极易引起火灾事故。若将废涂料直接排放,则会对大气、土壤及人类赖以生存的水源造成极大的破坏,废涂料中的溶剂挥发会污染大气,有害物质残留在土壤中会影响植物的生长及对食品造成污染,如果排放至下水道中,会影响河道的生物链,水中残留的重金属会对人体造成直接的危害等,所以涂料废弃物必须由具备国家环保资质的专门废弃物处理中心处理。

除油、遮蔽作业所产生的沾染了涂料的除油布、遮蔽纸等废弃物,清洗喷枪及清洁工具所使用过的稀释剂、剩漆等废涂料,烤漆房清理出的漆尘、过滤掉废活性炭、液态废弃物都属于危险废物,必须专门存放在隔离火源、热源的场所,并在临时储存场所设置危险废物识别标志。危险废物不能与普通垃圾一同存放和处理,必须定期由具备环保资质的废弃物处理中心回收后在专用焚烧炉集中焚烧。

第二节　消防安全

1. 适用于涂装维修车间的消防相关工具、设施包括灭火器、防爆柜、防火垃圾桶等的使用知识(初级技能);

2. 涂装维修车间的防火、防爆措施(初级技能)。

> **技能要求**
>
> 正确使用涂装维修车间的相关消防工具、设施,如灭火器、防爆柜、防火垃圾桶等,以确保消防安全的方式完成涂装修复(初级技能)。

就涂料本身特性来说,汽车生产厂和汽车维修企业所使用的涂料和辅料大部分属于易燃化学品,多数溶剂型涂料遇明火易燃烧,挥发的有机溶剂气体与空气混合达到一定浓度时,有可能会发生遇明火爆炸的情况。因此在涂装作业场所应做好防火、防爆措施,以避免发生安全事故,保证工作人员职业健康。

一、消防安全器材

消防安全器材包括消防栓、烟感器、温感器、灭火器等。灭火器可配备用于 B 类火灾即易燃液体火灾,如二氧化碳灭火器、干粉灭火器(ABC 干粉灭火器或 BC 干粉灭火器)、泡沫灭火器。

二氧化碳灭火器具有不含水分、不导电、不损害物质、不留污迹等特点,很适于扑灭电器、精密仪器等火灾,使用时要尽量防止皮肤因直接接触喷筒和喷射胶管而造成冻伤。在使用二氧化碳灭火器灭火时,会减少火场的氧气量,所以在空气不流通的环境下使用二氧化碳灭火器灭火,会有窒息的风险,不适合长时间使用,且使用后必须尽快离开现场。维护方面,每月需测量一次,质量减少 5% 时,须充二氧化碳气体。

泡沫灭火器由于喷出的泡沫中含有大量水分,故不适用于电气火灾灭火,而烤漆房内有动力系统和很多照明灯,如果烤漆房内发生火灾,使用泡沫灭火器时需要非常小心。故汽车维修企业一般更适合于配备 ABC 干粉灭火器或 BC 干粉灭火器。

需要在放置灭火器处的明显位置做标识,设置高度要保证方便拿取,应放置在高度为 0.08~1.5m 的位置。另外需要在灭火器上附有维护表,以做好维护记录。需要注意灭火器的保质期,手提式干粉灭火器(储气瓶式)保质期一般为 8 年,手提储压式干粉灭火器一般为 10 年,推车式干粉灭火器(储气瓶式)一般为 10 年,推车储压式干粉灭火器一般为 12 年,二氧化碳灭火器和储气瓶一般为 12 年。

二、涂装维修车间的防火、防爆措施

1. 严禁吸烟,严禁明火作业

喷漆车间应张贴图 1-1 所示的严禁吸烟标识及图 1-2 所示的严禁明火标识。

图 1-1　严禁吸烟标识　　　　　图 1-2　严禁明火标识

2. 安装通风装置

在涂料库房、涂装作业现场及调漆间等涂料存储量大、有机挥发物浓度比较大的区域,应安装通风装置,换气次数应满足标准《工业企业设计卫生标准》(GBZ 1—2010)要求,调漆间应达到9~12次/h,涂料库房应达到3次/h。

3. 使用防爆电气设备

在涂料库房等涂料存储量大、有机挥发物浓度比较大的区域,应使用防爆电气设备。

4. 采取防静电措施

(1)调漆间、涂料库房等涂料使用量较大的区域,可采用防静电环氧地坪,避免静电引起火灾。

(2)调漆机、洗枪机等设备应采取防静电接地。

5. 管理好涂料及废物

(1)在涂装作业现场不要存放过多的涂料,用完的涂料要及时盖好盖子密封,避免过多溶剂挥发。

(2)开封涂料要密封存放在图1-3所示经消防认证的防爆柜内。

防爆柜用于储存已开罐的具有易燃性、可燃性、腐蚀性的化学品,用三种颜色来区分,黄色防爆柜用于储存易燃性化学品,红色用于储存可燃性化学品,蓝色用于储存腐蚀性化学品。涂装维修用修补漆,应使用黄色防爆柜。

防爆柜的使用要做到:

①符合国家和地方消防法规,能够安全地存放化学物质,减少发生火灾的风险。

②按颜色分门别类存储化学品,容易识别和整理。

③防爆柜尽量放在使用点附近,以节约往返存放危险品仓库的时间,提高工作效率。

(3)及时清理涂装作业现场产生的沾有易燃溶剂的物料,并将其丢弃于专业的防火垃圾桶内(图1-4)。防火垃圾桶由于整体采用镀锌钢板结构,内外壁均喷涂环氧树脂涂层,并采用脚踏式开关,具有良好的封闭性能,能可靠存放油渍废弃物,防止火灾。

图1-3 消防认证的防爆柜

图1-4 防火垃圾桶

第三节 职业健康

知识要求

1. 能够从涂装维修所使用产品的安全技术说明书中查找确保涂装维修安全的相关信息（初级技能）；
2. 能够从涂装维修所使用产品的安全标签中查找确保涂装维修安全所需的信息（初级技能）；
3. 熟悉汽车涂装维修所应使用的相关防护用品（初级技能）。

技能要求

能正确使用涂装维修相关防护用品，以确保劳动安全（初级技能）。

职工职业健康是由国家卫生部门监督管理，卫生部门对于工作环境中各类有害物质浓度都有明确标准。在保证车间使用合格设备，达到合适排风量的情况下，车间的有害物质浓度可控制在低于国家标准规定的浓度。加上技术人员在操作中佩戴合适的防护用具，职业健康完全可以得到保障。另外，为了确保员工职业健康，国家规定接触有害物质的职工需执行就业前及工作后的定期体检制度，定期（一般为每年）进行职业健康体检，体检主要包括检查血常规、尿常规、肝功、肾功等项目，通过这些体检项目指标来判断和确定从事涂装职业对身体是否产生了影响，如果产生影响，应分析原因，采取措施，以免长期积累形成职业病影响健康。

一、GHS 及安全标签

1. 联合国《全球化学品统一分类和标签制度》(GHS)

人们可以从化学品安全技术说明书(Safety Data Sheet, SDS)和化学品安全标签中查找和了解每种涂料的成分、特性及对环境、人体的危害。在我国，SDS 和安全标签对危害的分类标准都引用联合国《全球化学品统一分类和标签制度》(Globally Harmonized System of Classification and Labeling of Chemicals, 简称 GHS)作为分类依据。

在没有 GHS 之前，各个国家和地区对危险品的定义和分类存在差异，造成同一个产品在不同的国家有不同的危险品分类和标识样式，例如，咖啡因被美国分类为有毒，被欧盟分为有害，而在我国则认为是无害。千差万别的危害性分类对通商和使用都带来了混乱，所以联合国发布推荐性文件 GHS 来指导会员国进行全球统一的危害分类，提高对人类和环境的保护，为尚未制定相关系统的国家提供一种公认的系统框架，同时可以减少对化学品的测试和评估，并且有利于化学品的国际贸易。

GHS 的主要特点是按照物质和混合物对健康、环境的危害和物理危险来建立物质和混合物的分类准则。它的目的是发布化学品的危害分类及与之相应的防护措施，发布途径是化学品安全技术说明书(SDS)和安全标签。

2. 安全标签

安全标签作为危害沟通的另一种形式,可以提供简要的安全信息,它的内容摘取自 SDS。我国法规要求化学品安全标签必须包括以下 8 项信息,方能符合要求:

(1)化学品标识:用中文和英文分别标明化学品的化学名称或通用名称。对混合物标出对其危险性分类有贡献的主要组分的化学名称或通用名称、浓度或浓度范围。

(2)标识危害性的象形图,即描述危险产品危险性质的图形,共有 9 个危险符号,见表 1-2。

GHS 危险符号表　　　　　表 1-2

(3)信号词:用"危险""警告"两个词分别进行危害程度的警示,更明显的表示化学品的危害程度和类别;

(4)危害性说明:简要概述化学品的危险特性,一般居于信号词下方。

(5)防范说明:表述化学品在处置、搬运、存储和使用作业中所必须注意的事项和发生意外时简单有效的救护措施等,包括安全预防措施、意外情况(如泄漏、人员接触或火灾等)处理等。

(6)供应商标识,包括供应商名称、地址、邮编和电话等。

(7)应急咨询电话,告知使用者化学品生产商或生产商委托的 24h 化学事故应急咨询电话。

(8) 资料参阅提示语等,提示用户应参阅安全数据表。

图 1-5 所示为某汽车修补漆清漆产品的安全标签样张。

编号:	P190-6850		
产品名称:	极品清漆		
Product name:	HS CLEARCOAT		
组分名称		CAS号码	%
乙酸丁酯		123-86-4	20 - <25
二甲苯		1330-20-7	7 - <10
乙酸-1-甲氧基-2-丙基酯		108-65-6	7 - <10
1,2,4-三甲苯		95-63-6	3 - <5

保质期：4年
产地：中国
产品标准：
GB/T 13492-92(I型)

易燃液体和蒸气。　造成严重眼刺激。　造成皮肤刺激。　可引起昏睡或眩晕。　对水生生物有害并具有长期持续影响。
戴防护手套。　戴防护眼镜、防护面罩。　远离热源、热表面、火花、明火及其他点火源。禁止吸烟。　使用防爆电气、通风、照明和所有的物料操作设备。只能使用不产生火花的工具。　采取防止静电放电的措施。　只能在室外或通风良好之处使用。　避免释放到环境中。　避免吸入蒸气。操作后彻底清洗手部。　如误吸入：　将人转移到空气新鲜处，保持呼吸舒适体位。　如感觉不适，呼叫解毒中心或医生。　如皮肤（或头发）沾染：立即脱掉所有沾染的衣服。　用水冲洗皮肤或淋浴。　如发生皮肤刺激：　用大量肥皂水和水清洗。　脱掉沾染的衣服，清洗后可重新使用。　如发生皮肤刺激求医/就诊。　如进入眼睛：　用水小心冲洗几分钟。　取出隐形眼镜，如方便可取出。　取出隐形眼镜。继续冲洗。　如长时间刺激：（如眼刺激持续更佳）求医/就诊。　存放处须加锁。　存放在通风良好的地方。　保持低温。　本品、容器的处置应遵守所有地方的、地区的、国家的和国际法规的规定。

供应商/	PPG包装涂料有限公司	紧急电话号码：	86 532 83889090
制造商：	中国苏州高新区向阳路66号		
	邮编：215000	更详尽的信息,请参阅化学品安全技术说明书	
	电话：86 512 68058850	UN 1263　　　China　　　中国 GHS	

图 1-5　安全标签样张

二、汽车涂装维修相关的防护用品

汽车涂装作业时能够危害人体的物质有很多,而且往往在短期内可能不易察觉对身体造成的伤害,但可能 15 年或 20 年以后,病症就会发作,而且很难治愈。颜料可能含有铅、铬、镉、铁等重金属。铅会影响神经系统、血液系统、肾脏系统、生殖系统;铬会损伤呼吸道、消化道,引起皮肤溃伤、鼻中隔穿孔等;镉会引起呼吸道病变,危害肾脏系统。有机溶剂可能含有甲苯、二甲苯,会刺激中枢神经、皮肤,损伤肝脏。树脂可能会引起呼吸道过敏、皮肤过敏。2K 型(双组分)烤漆的固化剂可能含有异氰酸盐,会刺激皮肤、黏膜,引起呼吸器官障碍。

故在使用涂料产品前,技术人员应先通过 SDS 和安全标签了解产品的危害及防护措施,并按相关要求使用劳动防护用具,保证使用者在安全的情况下进行操作。涂装维修劳动安全的关键在于科学合理的劳动安全保护措施。如果重视劳动安全,工作场所配置有良好通风设施、吸尘设施,在维修过程中,每一道工序都佩戴、穿着相应的防护器具,就像很多涂装技术人员一样,虽然一生都在从事汽车涂装这项工作,但对身体没有任何影响,从没有得过任何职业病。

汽车涂装维修相关的防护用品如下。

1. 活性炭过滤式防护口罩(图1-6)

通过活性炭滤毒盒过滤施工环境中的挥发性有机化合物、异氰酸酯挥发物、漆雾等,活性炭盒外面附有的过滤棉可以过滤灰尘、漆尘等。

调漆间、喷漆房应张贴图1-7所示的佩戴活性炭过滤式防护口罩标识。

图1-6 活性炭过滤式防护口罩

图1-7 佩戴活性炭过滤式防护口罩标识

由于异氰酸酯对对眼睛、呼吸系统和皮肤有刺激性,吸入异氰酸酯固化剂会引起呼吸道过敏,症状类似哮喘,包括喘息和呼吸困难,长期吸入会对身体造成损害,而活性炭吸附过滤异氰酸酯较易饱和,故长期喷涂使用异氰酸酯固化剂的双组分油漆,需经常更换活性炭滤毒盒,或最好使用供气式防护面具。选择过滤级别A2、P3的滤毒盒(表1-3),建议更换周期为一个月。

滤毒盒过滤级别　　　　表1-3

应用领域	英文代号	颜色显示	过滤等级	保护范围
颗粒杂质	P	白色	P1	低毒性固体物质
			P2	低毒性固体和液体物质
			P3	一般毒性固体和液体物质
有机气体及烟雾	A	棕色	A1	沸点在65℃以上的有机气体及挥发物(例如溶剂)
			A2	
			A3	沸点在65℃以下的有机气体及挥发物(例如溶剂)

使用时活性炭(过滤式)防护口罩时,可以用正、负压测试的方法测试气密性。先将滤毒盒用手捂住,吸气,气密性合格时,此时应没有空气进入,口罩贴向面部;再将进气口用手堵住,呼气,气密性合格时,口罩应略鼓起,并且不会有空气溢出。

2. 供气式防护面罩

供气式防护面罩分为全面式供气面罩(图1-8)和半面式供气面罩(图1-9)两种,通过连接压缩空气气管,将过滤过的压缩空气供入面罩中供施工者呼吸,呼吸空气的来源与所处工作环境的空气彻底隔绝。供气式防护面罩能有效隔绝周围的污染空气,是一种非常有效的防护用具,对于喷涂含有异

图1-8 全面式供气面罩

氰酸酯固化剂的双组分油漆尤为适用。

全面式供气面罩能保护呼吸系统、头部的眼睛、耳朵、口鼻等重要器官、皮肤及毛发不受粉尘和漆雾的侵害；喷漆技师呼吸的空气来自于经层层精细过滤后的压缩空气。内置安全气压过低警报装置，提供安全警示提醒，以确保面罩内的气压始终大于环境气压。全面式供气面罩的常用配件包括活性炭滤芯、透明膜片、贴脸泡沫内衬、额头吸汗巾、头巾等，需要定期更换。

全面式供气面罩的辅助配件还有：

(1) 空气加温器。分为内置式和外置式两种，外置式空气加温器如图1-10所示。加温器的温度调节范围可达 10~15℃。

图1-9　半面式供气面罩

图1-10　外置式空气加温器

(2) 降温器。降温器的温度调节范围同样为 10~15℃。

(3) 空气加湿器。如图1-11所示，空气加湿器可使空气湿度提升30%，可随时调整呼吸空气的湿度来达到最舒适的呼吸效果。

喷漆技术人员可根据地域、季节、习惯来选择适合的辅助配件。

如果供气面罩的空气来源是经过三节油水分离器过滤，因其带有活性炭过滤瓶，选择空气调节器即可，如果空气来源是经过两节油水分离器，不带活性炭过滤，那就需要选择活性炭过滤空气调节器。

图1-11　空气加湿器

3. 防尘口罩(图1-12)

人在呼吸时，颗粒物的直径越小，进入呼吸道的部位越深。粒径超过 10μm 的颗粒物可被鼻毛吸留，也可通过咳嗽排出人体。而粒径在 10μm 以下的颗粒物(通常称为PM10，又称为可吸入颗粒物或可吸入飘尘)就会被直接吸入上呼吸道中，对人体健康造成影响。5μm 直径的可进入呼吸道的深部。粒径小于 2.5μm 的颗粒物通常称为PM2.5，能直接被吸入到细支气管及肺泡，这就是大家关注 PM2.5 的原因。

可吸入颗粒物被人吸入后，会累积在呼吸系统中，引发许多疾病。粗颗粒物可侵害呼吸系统，诱发哮喘病。细颗粒物可能引发心脏病、肺病、呼吸道疾病，降低肺功能等；不同防尘口罩对能隔滤的最小微粒直径及隔阻成功率不同，好的防尘口罩隔绝微粒最小可至 0.3μm，隔阻成功率可达95%；而纱布口罩对危害人体最大的5μm以下的粉尘,隔阻成功率只有10%左右。所以不能用纱布口罩代替防尘口罩。

4. 防护眼镜

防护眼镜又称劳保眼镜(图1-13),作用主要是防止眼睛受到紫外线、红外线和微波等电磁波的辐射,或受到粉尘、烟尘、金属和碎屑以及涂料、溶剂溅射的损伤。

图1-12 防尘口罩　　　　　　　图1-13 防护眼镜

在汽车涂装过程中,使用防护眼镜的目的主要是：

(1)防止打磨时打磨颗粒飞入眼镜。

(2)防止调配油漆、除油时油漆溅入眼睛。

(3)防止喷漆时漆雾、漆尘进入眼睛。

在喷漆车间所有施工场所,都可以张贴图1-14所示标识,以提醒涂装维修技术人员佩戴防护眼镜。

如有任何涂料溅入眼睛,应马上用专用洗眼药水清洗,或者用清水冲洗10min并送医院治疗。

5. 手套

为了保护手不受伤害,我们需要在不同的工作中根据需要佩戴不同的手套,为了提醒涂装维修技术人员佩戴手套,可以在打磨工位、调漆工位、喷漆房贴上图1-15所示的安全标识。

图1-14 佩戴防护眼镜标识　　　　图1-15 佩戴手套标识

涂装维修需要佩戴的手套有以下几种：

（1）化学防护手套（图1-16），一般称为抗溶剂手套；有丁基橡胶手套、丁腈橡胶手套和氯丁二烯橡胶手套三种类型，具有中等抗溶剂、化学品性能，适用于除油、磷化、清洗喷枪时使用。

（2）乳胶手套（图1-17），一般为聚氯乙烯手套，抗溶剂型较弱，所以不适合于长时间直接接触溶剂使用，可用于调色、喷涂、抛光时使用。

图1-16　化学防护手套　　　　图1-17　乳胶手套

如果不慎手部沾染到涂料，切勿使用稀释剂擦手或洗手，应使用合适的洗手膏，以免稀释剂直接接触皮肤对身体造成损害。

（3）棉手套，有一定耐磨性，故可保护双手以免受到伤害，用于搬运工件、干磨时佩戴，由于溶剂能渗透，故不能用于会接触到溶剂的施工操作。

6. 喷漆工作服

为了保证喷漆时产生的大量漆雾和挥发溶剂不会穿透工作服刺激皮肤或者经过人体毛孔、汗腺进入身体，喷漆时需穿着能够防止溶剂、漆雾渗透，同时不会产生静电不会吸附灰尘，也不会脱落纤维的喷漆工作服，如图1-18所示。

7. 安全工作鞋

根据工作需要有多种类型安全工作鞋，汽车喷漆作业应选择图1-19所示的安全工作鞋，它的主要作用有：

（1）防止被坚硬、下坠的物件砸伤脚面。

（2）防止被尖锐的物件刺穿鞋底或鞋身。

（3）防滑、防摔倒。

（4）防止接触化学品。

图1-18　喷漆工作服

在涂装维修全程都应穿着安全工作鞋，故涂装维修车间各个工位都应张贴图1-20所示的穿着安全工作鞋标识。

在涂料生产车间、仓库等大量存储、使用涂料的场所，要求穿着防静电安全鞋，以把人体积聚的静电通过防静电安全鞋的导电性导入到大地中，防静电安全鞋穿用场所的地面是能够导电、防静电的地面（例如使用防静电环氧地坪漆），防静电安全鞋必须达到《个体防护装备职业鞋》（GB 21146—2007）的要求，电阻应为0.1～1000MΩ，从而能够消除人体静电积聚，避免造成火灾或者爆炸的风险。防静电安全鞋既能消除人体静电积聚又能防止250V以下的电源的电击，在穿着时不应该穿绝缘的毛料厚袜及绝缘的鞋垫。

图1-19 安全工作鞋

图1-20 穿着安全工作鞋标识

8. 耳塞或耳罩

通常，人们在噪声级70dB的环境中，谈话就感到困难。噪声会造成听力损失，根据国际标准化组织（ISO）的调查，在噪声级85dB和90dB的环境中工作30年，耳聋的可能性分别为8%和18%。很多烤漆房在工作状态下的噪声是80dB，加上喷枪喷漆的声音，噪声就可达85~90dB，故佩戴耳塞或耳罩是一个必要的防护措施。在使用打磨机打磨、吹尘枪除尘、喷漆房内喷漆时，噪声均较大，均应佩戴耳塞（图1-21）。

在打磨工位、喷漆房，均应张贴图1-22所示的佩戴耳塞标识。

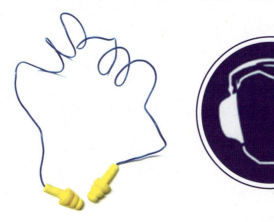

图1-21 耳塞　　　　　图1-22 佩戴耳塞标识

三、涂装维修车间保证技术人员职业健康的其他措施

为了保证涂装维修技术人员的职业健康，涂装维修车间还应采取以下措施：

（1）工程控制。涂装维修车间最重要的工程控制做法是保证通风。打磨工位会使用除油剂、原子灰，适当的通风能够减少溶剂挥发物浓度，对车间安全和劳动者职业健康均具有非常重要的好处。喷漆房、烤漆房，更需要保证充足的通风，一般通风风量应达到$18000m^3/h$，这样不仅可以加速漆面的干燥，也可以除去溶剂挥发物。如果条件允许，喷漆房、烤漆房最好设置为负压，即内部气压低于外部，这样可以保证喷漆时的溶剂挥发物不会进入整个喷漆车间，对喷漆车间打磨、抛光等其他技术人员造成身体上的影响。

（2）使用先进的工具设备，可以有效地降低化学物质对操作者的危害，包括：

①使用高质量的喷枪,如HVLP高流量低气压喷枪,可提高喷涂时的油漆利用率,减少飞漆。

②使用高质量的无尘干磨设备,可以有效吸附收集打磨造成的粉尘,减少操作者呼吸系统吸入粉尘的概率。

(3)使用环保的涂装产品。包括:

①使用高固体分含量的涂料。

②使用水性漆。

综上所述,只要涂装维修车间做好工程控制,技术人员严格遵守安全操作规程,佩戴合适的防护用品,使用环保的涂装产品,在喷漆房等设备上安装排放吸附装置,就能够避免职业病、火灾和环境污染,避免对操作者造成伤害,避免对企业和社会环境造成影响。

第二章 涂料基本知识

第一节 涂料类型

1. 涂装维修用涂料类型及特点(中级技能);
2. 涂装维修涂料的基本性能要求(高级技能);
3. 涂装维修用涂料、工艺和原厂高温漆、工艺的不同特点(高级技能);
4. 特殊性能的涂装维修涂料(高级技能)。

技能要求

涂装维修前能够对涂膜类型进行判断(中级技能)。

对因为事故等多种原因而受损的车辆进行涂装修复,目的是要恢复原厂汽车漆对车体的保护作用及美观作用。我们需要了解汽车原厂高温漆与维修用低温修补漆产品的特点,以使我们能够选择恰当的修补漆产品进行涂装维修,使修补后的漆面质量和外观都能恢复到最佳状态。

涂料的成分包括树脂、颜料、溶剂及添加剂,树脂是涂料涂装后的主要成膜物质,是涂料的最基本组成部分,因此又称基料、漆料或漆基,涂料中没有这个部分,就不能形成具备牢固的附着力的涂膜。因此涂料的许多特性主要取决于树脂的性能。

一、涂料类型及特点

涂料按照树脂的成膜方式可分为溶剂挥发型、氧化聚合型、烘烤聚合型和双组分聚合型。

乘用车原厂生产线基本上都是使用烘烤聚合型涂料,一般采用自动喷涂机进行静电喷涂,以确保高效率的生产,喷涂完成后,在120~170℃高温下烘烤20~30min,使涂料发生交联反应,固化成立体网状结构,故又称高温漆。

大客车生产厂、乘用车保险杠生产厂及维修企业一般使用双组分聚合型涂料,包括使用异氰酸酯作为固化剂的丙烯酸聚氨酯涂料、使用聚酰胺固化剂的环氧树脂涂料、使用异氰酸酯固化剂的环氧树脂涂料等。这种涂料的特点是可以采用低温60℃烘烤烤干,也可以在20℃左右室温下,即使不经烘烤,涂料中的树脂也与会固化剂发生交联反应,固化而形成类似于原厂高温漆的立体交联结构,达到和原厂高温漆相媲美的要求,故通常称为双组分低温修补漆,这也是目前恢复原厂涂层质量的最佳维修涂料。

有一些维修企业为了降低成本,底漆使用单组分中涂底漆,面漆使用双组分面漆。单组分中涂底漆属于溶剂挥发型涂料,溶剂在常温下挥发后干燥成膜。在干燥过程中,成膜物质的分子结构不产生化学变化。属于这种成膜方式的有硝化纤维素涂料(硝基漆),热塑性丙烯酸树脂涂料等。溶剂挥发型涂料的优点是自然干燥速度快,但附着力、面漆亮度、耐候性等各方面性能都不如双组分聚合型,故近年来逐步被双组分修补漆代替,目前只有少数单组分类型的填眼灰和中涂底漆仍在使用。由于中涂底漆的作用是提供良好的填充性,增加电泳底漆与面漆之间的附着力,为面漆提供良好的基础,以保证面漆的光泽度、耐候性。故使用单组分中涂底漆不能恢复如原厂中涂底漆同等的附着力及面漆光泽度、耐候性等性能。为了使车辆通过喷漆维修完全恢复之前涂层的保护性能及美观性能,汽车维修时应全部采用双组分涂料系统。

另外,汽车涂装维修中所使用的防锈底漆如磷化底漆(侵蚀底漆)和环氧底漆的作用就是为了确保维修后品质能达到电泳底漆同样的防锈功能,所以一旦修补时有裸金属区域就需要施涂防锈底漆。

汽车原厂高温漆与维修用双组分低温修补漆的产品类型、树脂类型对比见表2-1。

原厂高温漆与双组分低温修补漆的产品类型、树脂类型　　　　表2-1

油漆类型	修 补 漆	高 温 漆
防锈底漆	侵蚀底漆(磷化底漆)或环氧底漆	阴极电泳漆,包括:环氧电泳漆、丙烯酸电泳漆和聚氨酯电泳漆
中涂底漆	丙烯酸聚氨酯	氨基聚酯
底色漆	丙烯酸	丙烯酸
清漆	丙烯酸聚氨酯	氨基聚酯丙烯酸

二、涂装维修前涂膜类型判断

1. 通过涂膜缺陷判断

涂装维修前需要确定汽车漆面所采取的涂料类型,通常可以通过漆面所出现的缺陷判断涂膜质量,为了判断缺陷的深度及范围,可以对漆面进行打磨,以判断缺陷是从哪层涂层发生,并分析产生原因。

2. 通过溶剂擦拭试验判断

第二种方法是使用干净白布,沾湿稀释剂擦拭损伤部位的涂膜,如果涂膜在擦拭后出现掉色或较严重失光,则说明旧涂膜可能采用的是硝化纤维素(硝基)漆或热塑性丙烯酸涂料等溶剂挥发型涂料,也有可能虽然旧涂膜是采用了双组分聚合型涂料,但由于施工不当,例如固化剂添加不足等原因,聚合反应进行得不够充分,导致涂膜能够被溶解。

为了避免将来喷涂时出现咬底,对于表现为以上状况的涂膜可以采用两种处理方法:

(1)打磨去除上层质量较差涂层后,保留下层没有问题的涂层,喷涂隔离性较好的中涂底漆封闭隔离,中涂底漆完全干燥后再打磨及喷涂面漆。

(2)打磨去除涂膜至金属。

三、汽车低温修补漆的基本性能要求

汽车低温修补漆的性能要求包括以下物理、化学性能。

1. 附着力

附着力是指涂膜与被涂物件表面结合在一起的牢固程度,附着力的好坏对涂膜的保护和装饰性能起着决定性的作用。测定涂膜附着力的常用方法是十字划格法,可按照《色漆和清漆漆膜的划格试验》(GB/T 9286—1998)中的方法进行。试验结果分为6级,以下前3个级别为合格,后3个级别为不合格。

(1)0级,切割边缘完全平滑,无一格脱落,如图2-1所示。

(2)1级,在切口交叉处有少许涂层脱落,但交叉切割面积受影响不能明显大于5%,如图2-2所示。

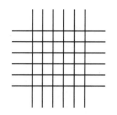

图2-1 附着力0级——无脱落　　图2-2 附着力1级——切割面积受影响<5%

(3)2级,在切口交叉处和/或沿切口边缘有涂层脱落,受影响的交叉切割面积明显大于5%,但不能明显大于15%,如图2-3所示。

(4)3级,涂层沿切割边缘部分或全部以大碎片脱落,和/或在格子不同部位上部分或全部剥落,受影响的交叉切割面积明显大于15%,但不能明显大于35%,如图2-4所示。

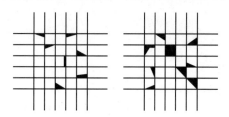
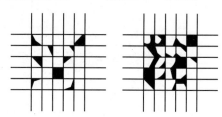

图2-3 附着力2级——5%<切割面积受影响<15%　　图2-4 附着力3级——15%<切割面积受影响<35%

(5)4级,涂层沿切割边缘大碎片剥落,和/或一些方格部分或全部出现脱落,受影响的交叉切割面积明显大于35%,但不能明显大于65%,如图2-5所示。

(6)剥落程度超过4级。

2. 硬度

对涂膜硬度通常使用铅笔硬度法测定,可按照《色漆和清漆铅笔法测定漆膜硬度》(GB/T 6739—2006)中的方法进行。涂膜硬度并非越高越好,原厂漆及双组分低温修补漆的硬度一般为H~2H。涂膜硬度过高,柔韧性就会降低,容易脆裂。用指甲划漆面判断涂膜硬度是不科学的方法,这是因为人的指甲

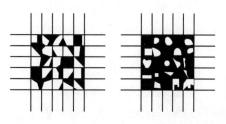

图2-5 附着力4级——35%<切割面积受影响<65%

硬度有很大不同,范围为 2B~7H。故不能准确判断涂膜硬度。

3. 涂膜光泽度

光泽度可以用光泽仪按照《色漆和清漆不含金属颜料的色漆漆膜的20°、60°和85°镜面光泽的测定》(GB/T 9754—2007)中的方法测定,通常是测定60°角光泽度,白色面漆不小于85,其他颜色面漆不小于90。

4. 弯曲柔韧性

涂膜柔韧性按照《色漆和清漆-弯曲试验(圆柱轴)》(GB/T 6742—2007)中的方法测定。方法是将色漆、清漆或相关产品的涂层样板在标准条件下绕圆柱轴弯曲,测量涂膜抗开裂性,以涂膜从金属或塑料底材上开裂或者剥落时的圆柱直径衡量涂膜柔韧性。标准是圆柱直径 <5mm。

5. 耐水性

耐水性应按照《色漆和清漆耐水性的测定 浸水法》(GB/T 5209—1985)方法测定,涂膜先喷一道漆,静置 10~15min,在(120±2)℃烘 1h。待冷却至室温后以320目的水砂纸轻轻水磨后,于(60±2)℃烘 30min。取出冷至室温再喷一道漆,静置 10~15min,于(120±2)℃烘 1h。此时涂膜总厚度为(45±2)μm,冷却至室温后在符合《分析实验室用水规格和试验方法》(GB/T 6682—2008)的三级水中进行测试,浸泡240h,不起泡,不脱落,不生锈。

6. 耐油性

按照《色漆和清漆-耐液体介质的测定》(GB/T 9274—1988)所规定的方法进行测试,按要求制板后浸入 SC30 机油中,要求48h外观无明显变化。

7. 耐汽油性

按照《色漆和清漆-耐液体介质的测定》(GB/T 9274—1988)所规定的方法进行测试,按要求制板后浸入符合《油漆及清洗用溶剂油》(GB 1922—2006)规定的 120 号溶剂汽油中,要求4h不起泡,不起皱,不脱落,只允许轻微变色,失光。

8. 耐温变性

按规定制备好涂膜样板后,放入(90±2)℃恒温箱中放置240h,取出室温下放置0.5h后,放入(-40±2)℃低温箱中24h,再取出样板于室温下放置0.5h后测试2mm划格试验,≤2级为合格。

9. 耐候性

按《测定耐湿热、耐盐雾、耐候性(人工加速)的漆膜制备法》[GB 1765—1979(1989)]规定制板后,按照《漆膜耐候性测定法》(GB 1767—1989)规定进行,要求在暴晒试验场如美国佛罗里达州地区暴晒 24 个月,漆面应无明显龟裂,允许轻微变色,抛光后失光率≤30%。

10. 人工加速老化

按《测定耐湿热、耐盐雾、耐候性(人工加速)的漆膜制备法》[GB 1765—1979(1989)]规定制板后,按照《色漆和清漆-人工气候老化和人工辐射曝露滤过的氙弧辐射》(GB/T 1865—2009)规定进行,要求在人工气候老化仪中放置800h以上,漆面应无明显龟裂,允许轻微变色,抛光后失光率≤30%。

四、特殊性能的汽车修补漆

以上涂膜的物理、化学性能只是达到国家标准规定的最基本的质量要求,由于在汽车行驶及清洗的特殊情况下,清漆容易受到沙砾的划伤,一些不恰当的洗车方法,以及自动洗车房所使用的毛刷,都有可能划伤清漆表面,从而导致清漆表面亮度降低。从20世纪末期开始,一些汽车制造厂开始在生产厂使用耐擦伤清漆,并同时在售后修补市场也配套使用耐擦伤修补清漆,如梅赛德斯奔驰、英菲尼迪、雷克萨斯等。其中,梅赛德斯奔驰所使用的纳米陶瓷清漆比较特殊,这种清漆于1999年开始在梅赛德斯奔驰生产的车辆上应用,经过逐步扩展,目前大部分梅赛德斯奔驰轿车都使用了这种耐擦伤清漆。

纳米陶瓷清漆的特殊之处是采用了纳米技术将硬度很高的无机物二氧化硅颗粒等材料交联于涂膜上,从而提供了普通清漆无法提供的硬度和耐刮擦性能。在清漆中加入的二氧化硅纳米颗粒会在反应过程中浮至表面,干燥后的纳米陶瓷清漆涂膜由上、下两部分组成,上层部分约占10%的表层是二氧化硅纳米颗粒形成的无机层,硬度很高,这部分漆面的抗刮擦能力随着时间的推移基本保持不变,所以漆面能够长期保持高硬度、高光泽。而普通清漆的整个涂膜都是有机化合物,清漆层整体硬度相同,随着时间的推移,其表面抗机械影响的能力会逐步降低。

将纳米陶瓷清漆和普通清漆同样经过10个星期的水洗,对比在显微镜下放大50倍的照片,我们可以看到纳米陶瓷清漆的表面划痕明显少于普通清漆;测量20°的漆面光泽度,光泽度的数据也证明了纳米陶瓷清漆的耐久性远远高于普通清漆。测量数据同时表明普通清漆经过一段时间的水洗后表面光泽度会越来越低,随着水洗时间的延长,耐擦伤清漆与普通清漆的表面光泽度的差别越来越大。

哑光清漆也是近年来高端汽车品牌开始使用的一种特殊效果清漆,和以前用正常清漆添加哑光剂降低光泽至半哑光或者哑光不同,目前所使用的哑光清漆是本身就完全哑光的清漆,漆面表现更为哑光,更为高档,故目前兰博基尼、梅赛德斯奔驰、宝马等在生产厂都采用哑光清漆喷涂部分车型,并得到消费者的青睐。涂装维修时也需要使用哑光汽车修补漆供此类车辆涂装维修时使用。

第二节　涂装维修用重要耗材

知识要求

1. 打磨辅料的选择与使用方法(初级技能);
2. 清洁布、粘尘布的使用方法(初级技能)。

技能要求

1. 能使用正确的打磨辅料完成打磨(初级技能);
2. 能使用清洁布、粘尘布清洁工件表面(初级技能)。

一、打磨耗材

1. 砂纸

砂纸是汽车涂装维修最常用的打磨耗材,分为干磨砂纸和水磨砂纸,此外,菜瓜布也是一种重要的打磨耗材。

1）干磨砂纸与水磨砂纸的区别

干磨砂纸与水磨砂纸基材与黏结剂的耐水性不同，磨料的分布疏密情况也不同，水磨砂纸的磨料分布较紧密，故不能替换使用。如果把水磨砂纸用于干磨，则打磨下来的粉末会黏结在砂纸表面导致堵塞，所以水磨砂纸必须要带水打磨，以冲走打磨下来的粉末。而干磨砂纸基材与黏结剂不耐水，所以不能用于水磨，否则其磨料会脱落。干磨砂纸的磨料分布较稀疏，磨料占砂纸表面面积的50%～70%。这也导致干磨砂纸安装在打磨机上的打磨效果细于用手工打磨。

2）砂纸的分级

砂纸的粗细以数字表示，砂纸的分级系统有三种标准，欧洲标准FEPA、美国标准ANSI和日本标准JIS。欧洲标准FEPA是汽车维修行业最常见到的砂纸分级系统，特征是砂纸号的数字前加了字母"P"，本书中所列的砂纸规格都是欧洲标准的规格。三种标准的干磨砂纸对照见表2-2，无论是哪种标准，干磨砂纸都是号码越大砂纸越细。需注意不同品牌的砂纸，粗细程度有一定差异，各工序使用的砂纸号可能会因品牌不同而需要调整。

不同标准干磨砂纸分级系统 表2-2

粗细度	欧洲标准（FEPA）	美国标准（ANSI）	日本标准（JIS）
细 ↓ 粗	P1200	600	#1000
	P1000	500	#800
	P800	400	#600
	P600	360	#500
	P400	320	#360
	P360	280	
	P280	240	#320
	P220	220	#180
	P180	180	
	P150	150	#150
	P120	120	#120
	P80	80	#80
	P60	60	#60

在同一种砂纸分级标准中，同一番号干磨砂纸和水磨砂纸的粗细度也不相同，欧洲标准（FEPA）干磨砂纸与水磨砂纸的番号对照见表2-3。

2. 菜瓜布

菜瓜布（图2-6）是一种在汽车修补行业得到较广泛应用的打磨耗材，菜瓜布是将研磨颗粒黏附在三维纤维上制成的，因此有很好的柔韧性，适合打磨外形复杂或特殊材料的表面，可用于塑料件喷涂前打磨表面，中涂底漆喷涂前、面漆喷涂前打磨漆面。由于菜瓜布表面疏松多孔，每次干磨结束前都可以使用打磨

图2-6 菜瓜布

机和菜瓜布最后打磨一遍工件,这样可以更好地利用干磨系统的吸力把表面的打磨粉尘吸附干净。可以使用和打磨机托盘尺寸一致的圆形菜瓜布,也可以使用方形菜瓜布,剪成2份使用即可。

欧洲标准(FEPA)干磨砂纸与水磨砂纸番号表　　　　　　表2-3

粗细度	欧洲标准(FEPA)干磨砂纸	欧洲标准(PEPA)水磨砂纸
细 ↓ 粗	P500	P1000
	P400	P800
	P360	P600
	P320	P500
	P280	P400
	P240	P360
	P220	P320
	P180	P280
	P150	P240
	P120	P220
	P100	P180

二、其他耗材

1. 除油布

喷漆车间应使用不会掉落纤维也不会产生静电,抗拉强度高不易碎的无纺布或聚酯纤维除油布。需注意产品说明,有些除油布只能用于溶剂型除油剂,不能用于水性清洁剂,防止用错。除油布如图2-7所示。

2. 粘尘布

由于静电的原因,喷涂车辆前,工件表面会落有一些细微灰尘、纤维,用除油布除油、清洁无法除去,吹尘枪也无法吹除干净,故要使用粘尘布,利用其黏性粘除这些细微灰尘、纤维,如图2-8所示。

图2-7　除油布

图2-8　粘尘布

粘尘布使用的要点是新的粘尘布要完全展开后再团起来使用,这样能使粘尘布比较蓬松,避免粘尘布由于包装运输受压而黏结得比较硬,从而在粘尘时如果用力稍大其表面的树脂就会和黏结的灰尘、纤维一起再粘回到工件表面上,造成喷涂缺陷。

使用过一次,还能继续使用的粘尘布要放在塑料袋中密封,避免干燥失效。

第三章 涂装维修用设备、工具知识

第一节 干磨系统

1. 不同类型干磨系统、干磨机、干磨手刨的区别及作用（初级技能）；
2. 水磨及干磨的区别（初级技能）。

技能要求

能使用干磨系统、干磨机、干磨手刨及托盘、托盘保护垫、中间软垫等配套产品完成打磨（初级技能）。

一、水磨的缺点及干磨的优点

打磨是汽车涂装维修中花费时间最多的作业，去除旧漆，打磨原子灰，打磨中涂底漆、旧漆面，加上抛光前打磨，花费的工时通常达到60%左右。所以打磨的速度对于涂装维修速度有至关重要的影响。

涂装维修行业中比较传统的打磨方式是手工水磨，打磨效率低，但随时能够用水冲去打磨粉尘，易于借助水在工件表面上的反光亮度检查缺陷、判断平整度，也易于通过手感判断打磨的平整度。但手工水磨也有很多缺点：

（1）易造成质量缺陷。打磨裸金属容易造成生锈；打磨原子灰时，原子灰会吸收一定水分，易造成起泡、生锈等缺陷。

（2）效率低。手工水磨的工作效率较低，目前汽车原厂漆和维修使用的双组分面漆硬度较高，质量较好的原子灰也往往打磨难度较高，使得工人的劳动强度较大，打磨完成后工件表面需要用水冲洗干净后再用压缩空气吹干，清洁工作也需要花费很多时间和成本。

（3）工作环境差，对操作人员身体不利。操作人员的双手长期接触水，车间地面比较湿滑，防水的鞋子透气性又会比较差，这些都会对身体健康造成危害。冬季气温低时更不利于涂装技师进行水磨，如果提供热水给涂装技师水磨用，第一并不能解决上述问题，企业还增加了成本。

正由于存在以上问题，在汽车涂装维修行业，全部采用干磨已是一个必然的趋势，因为它更有利于环保，更有利于涂装技师的健康，且效率高，打磨速度能达到手工水磨的2倍左右。

二、干磨系统

按照吸尘系统的区别,以及和打磨机、手刨连接方式的区别,干磨系统有移动式打磨系统、悬臂式打磨系统和中央集尘打磨系统3种常见的类型。高质量的干磨系统配合以正确的砂纸及工艺,均可将90%以上的打磨灰尘吸进吸尘桶里,打磨操作人员只要在干磨时佩戴防尘口罩,完全可以避免打磨粉尘的危害。

(1)移动式打磨系统。移动式打磨系统可连接使用气动或电动打磨机及干磨手刨。移动方便,使用时要连接电源和气管,使用位置会受到电源、气管的位置影响,一旦较远,地面上的电源线、气管就会影响车辆移动及人员移动,如图3-1所示。

(2)悬臂式打磨系统如图3-2所示。特点是电源线和气管都从空中的悬臂走,经悬臂下垂到打磨终端,延伸距离一般可达6m,操作人员及车辆不会受到地面上的电源线及压缩气管影响。

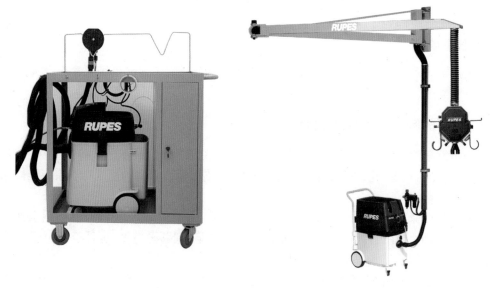

图3-1　移动式打磨系统　　　　　　图3-2　悬臂式打磨系统

(3)中央集尘打磨系统(图3-3),使用中央集尘主机集尘,一般每个中央集尘主机可连接4~8个打磨终端,每个打磨终端可同时接两把电动或气动打磨机及干磨手刨。

中央集尘中心配有大功率的吸力泵,中央集尘打磨系统主机内装有40~50L的集尘桶,另外配置有先进的微处理控制系统,采用多层重叠导流方式吸风,吸力强,吸尘效果更好。

三、打磨机

1. 打磨机的不同分类及常用类型

打磨机根据动力来分有电动和气动;根据形状来分有圆形和方形;根据运动模式可分为单动作和双动作。在汽车涂装维修行业里,较常使用的是气动单动作打磨机和气动双动作打磨机,商用车部件面积较大,使用方形打磨机较多,轿车部件面积小,弧度、线条多,圆形打磨机较为常用。

图 3-3　中央集尘打磨系统

使用气动打磨机的优点是连接供气软管方便,安全,只要压缩空气气压和供气量充足,能保证打磨速度、打磨效果即可。

2. 单动作打磨机与双动作打磨机的区别

单动作打磨机的打磨盘是作单向圆周运动,特点是切削力强,非常适合于除锈、除漆,可用于车身钣金修复及涂装做底工位使用。打磨盘的中心和边缘存在转速差,使用该打磨机时不能把它平放在打磨面上,而要轻微倾斜。

圆形双动作打磨机的旋转轴为偏心轴,打磨盘沿偏心轴旋转时打磨盘会同时有双重运动,故称为"双动作",研磨效果比较均匀。双动作打磨机偏心距的大小有很多种,偏心距越大,就越适合于粗磨,常见偏心距有 1.5mm、2mm、2.5mm、3mm、4mm、5mm、6mm、7mm、9mm、11mm 和 12mm 等。双动作打磨机的运动轨迹如图 3-4 所示。

两种打磨机的转动轨迹比较如图 3-5 所示,图 3-5a)所示的运动轨迹为单动作打磨机的转动轨迹,图 3-5b)所示的运动轨迹为双动作打磨机的转动轨迹,从两种打磨机打磨的工件表面上,也可以清楚看到这两种打磨机所打磨出的砂纸痕形状的区别。

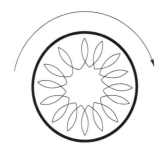

图 3-4　双动作打磨机的运动轨迹

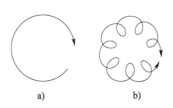

图 3-5　圆形打磨机的运动轨迹

3. 双动作打磨机的使用要点

不同偏心距的双动作打磨机所适合的打磨操作不同,见表 3-1。

不同偏心距的打磨机所适合的打磨操作　　　　　表 3-1

偏心距(mm)	适用打磨
9~12	除锈、除旧漆
7~9	除漆,打磨羽状边,粗磨原子灰
4~6	细磨原子灰;原子灰周围区域打磨;喷涂中涂底漆前打磨电泳底漆、旧漆
3~6	面漆前打磨中涂底漆、旧漆
1.5~3	抛光前打磨

方形打磨机属于直线偏心运动打磨机,运动方式为沿着椭圆轨迹作往复运动,如图 3-6 所示。直线偏心运动打磨机各个部位的研磨力和切削力都比较均匀,不易产生打磨不均匀的缺陷,但由于研磨盘面积大,比较难以磨出较大的弧度,故一般用于较大面积平面部位的原子灰整平。

方形打磨机(图 3-7)常见的尺寸是宽度 70mm,长度 198mm 或 400mm,也有 115mm×208mm 的规格,可根据打磨工件的尺寸选择合适的方形打磨机。其偏心距常见的有 3mm、4mm、4.8mm 和 5mm。

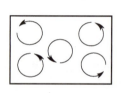　　

图 3-6　方形打磨机的运动轨迹　　　图 3-7　方形打磨机

无论使用何种打磨机,为了避免打磨机高速运转状态下突然接触工件表面产生过大的冲击力造成较重的打磨痕迹,最好将打磨机放在工件表面上以后再开动。

4.托盘、托盘保护垫及中间软垫

安装在圆形打磨机上粘连砂纸的打磨垫通常称为托盘。通常都为尼龙搭扣式,能方便、快速、牢固粘贴干磨砂纸,装卸快速、方便。打磨机托盘有以下几种。

(1)硬托盘,用于相对较粗的打磨,如除漆、原子灰粗磨。

(2)半硬托盘,用于相对较细的打磨,如原子灰细磨,中涂底漆前打磨,中涂底漆后粗磨。

(3)软托盘。配合偏心距 3mm 的双动作打磨机使用,用于相对较细的打磨,如中涂底漆后、面漆前细磨。

为了保护托盘,延长其使用寿命,可以使用打磨保护垫,如图 3-8 所示。

此外,还有一种在托盘上通过尼龙搭扣粘连使用的中间软垫,较软托盘更软一些,可用于面漆前打磨弧度、线条等位置,避免对工件表面造成不必要的过度打磨,同时还可以保护打磨机托盘,如图 3-9 所示。

四、打磨手刨

车身很多部位有一定弧度及线条,还有一些边角部位,手工打磨更易于根据需要从不同

第三章 涂装维修用设备、工具知识

角度打磨,打磨平整的同时打磨出需要的形状。故干磨实际上包括机器打磨和手工打磨两种形式,绝不要误解以为干磨只是指用干磨机机磨。只是根据打磨工件的不同和涂装维修人员熟练度的不同,使用两种打磨方式的比重有所不同。

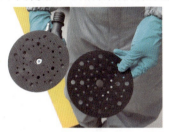 

图3-8　打磨保护垫　　　　　　　图3-9　中间软垫

　　打磨垫板有很多种,通常行业内把水磨用打磨垫板称为磨板,而干磨用打磨垫板配有吸尘管及尼龙搭扣以粘连砂纸,行业内通常称为手刨,如图3-10所示。

　　手刨往往还用于喷涂中涂底漆之后的粗磨。原因也是因为弧度、线条及边角部位用手刨或者打磨软垫才能比较容易打磨;另外,原子灰部位、划痕打磨羽状边部位喷涂中涂底漆后,需要用打磨原子灰的类似方法,把中涂底漆填充后的较高部位针对性的磨下去,这样才能使整个表面平整。

　　手刨常见的尺寸是宽度70mm,长度有125mm、198mm或420mm,也有115mm×230mm的规格,可根据常见打磨工件的尺寸选择。手刨虽然与有些方形打磨机的尺寸类似,但两者作用完全不同,并不能互相代替。

图3-10　使用干磨手刨打磨原子灰

　　常见的用于水磨的打磨垫板有:硬橡胶垫和海绵垫。硬橡胶打磨垫板材质硬度适中,适合于配合不同砂纸做喷涂面漆前各个环节的打磨。海绵垫适用于抛光前垫上细水砂纸磨平脏点、橘皮等,因为海绵垫较软,不易对漆面造成不必要的伤害。

第二节　喷　　枪

知识要求

1. 不同类型喷枪的区别及作用(中级技能);
2. 喷枪的结构(中级技能);
3. 喷枪的调整方法(中级技能);
4. 喷枪故障的诊断(中级技能)。

技能要求

1. 能使用喷枪喷涂中涂底漆、单工序、双工序素色漆,普通银粉漆(中级技能);
2. 能使用喷枪喷涂免磨底漆、高难度银粉漆(高级技能);
3. 能使用喷枪修补高难度银粉漆、单工序素色漆、清漆,整板喷涂三工序面漆(技师技能);

4. 能使用喷枪修补三工序面漆（高级技师技能）。

一、喷枪分类

1. 上壶喷枪及下壶喷枪的特点及应用

喷枪的类型和规格较多，使用压缩空气进行喷涂的喷枪称为空气喷枪，根据涂料的供给方法可分为重力式、吸力式和压送式3种，汽车涂装维修常用的喷枪是重力式和吸力式两种。重力式喷枪（图3-11）的枪壶安装在喷枪上部，所以通常称为上壶喷枪。

吸力式喷枪（图3-12）的枪壶安装在喷枪下部，所以通常称为下壶喷枪。

图3-11 上壶喷枪

图3-12 下壶喷枪

上壶喷枪在喷涂时，压缩空气会在空气帽处产生负压，涂料在负压和涂料的重力的作用下进入喷枪，在空气帽处得到雾化，并从喷嘴处喷出。枪壶的容量一般为600mL左右。底漆喷枪口径一般为1.6~2.0mm，面漆喷枪口径一般为1.2~1.5mm。上壶喷枪适合于轿车涂装维修作业等油漆用量较少的情况，而且可以使用免洗枪壶（图3-13）以提高效率、节约油漆，故在汽车维修行业得到了广泛的使用。

下壶喷枪的枪壶容量一般为1L左右，可喷涂面积大，一般常用于商用车及10座左右或者以上部件面积比较大的乘用车。吸力式喷枪是利用压缩空气气流使喷枪中产生真空吸力，把油漆从壶中吸到喷嘴雾化喷出，涂料喷出量即出漆量与涂料黏度和喷嘴口径有密切关系，黏度较高时出漆量会降低。下壶喷枪喷涂相同涂料的喷嘴口径一般应大于上壶喷枪，底漆下壶喷枪口径一般为1.8~2.0mm，面漆下壶喷枪口径一般为1.5~1.7mm。

图3-13 免洗枪壶

2. 底漆喷枪和面漆喷枪的特点及区别

喷枪椭圆形的喷幅一般有3层：最里面是湿润区，中间是雾化区，最外面是过度雾化区。底漆喷枪用于喷涂防锈底漆、中涂底漆，重点是要保证良好的填充性，故底漆喷枪的喷幅较为集中，喷幅的中心湿润区相对较大而周边的雾化区较小，面漆喷枪喷幅周边的雾化区比湿润区要更宽大且雾化精细度较高,如图3-14所示。

面漆喷枪主要用于单工序面漆、双工序色漆、清漆的喷涂。面漆喷涂的重点是要保证颜色喷涂均匀,并且要求流平性要好,所以面漆喷枪雾化精细度、雾化效果都要保证比较好。面漆喷枪的喷幅,相对于底漆喷枪,雾化层比湿润层要更宽大。重力式(上壶)面漆喷枪口径一般为1.3~1.4mm。由于面漆喷枪口径小,雾化精细度高,使用不太好的面漆喷枪喷涂防锈底漆或中涂底漆,会导致底漆涂膜薄、填充性不够,如果因此而增加喷涂遍数,则又会降低工作效率,扩大喷涂面积,增加表面漆尘和表面打磨工作量。出于小修补的需要,喷枪生产厂家还开发了专门用于小修补的喷枪,这种喷枪质量轻,一般只有

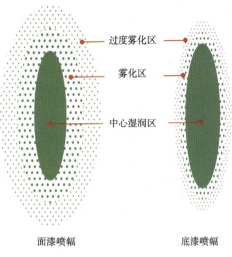

图3-14 面漆底漆喷枪喷幅比较

500g,比上壶喷枪轻150~300g,口径小,一般为0.8~1.4mm,所需气压较小,易于喷出较薄涂层及有效控制喷涂区域,对于银粉漆、珍珠漆的修补,不容易出现修补"黑圈"。

出于VOCs环保法规的要求及对提高油漆传递效率的要求,从20世纪90年代开始,一些喷枪厂商开始推出环保型喷枪,称为HVLP(High Volume Low Pressure)喷枪,HVLP是高流量低气压的缩写。高流量是指用较大流量的空气来进行涂料雾化,耗气量为350~450L/min;低气压是指喷涂时枪尾进气气压为120~200kPa,而传统喷枪枪尾进气气压为300~400kPa。环保型喷枪的主要优点是涂料传递效率高,传统喷枪的涂料传递效率为30%~40%,而HVLP环保型喷枪的涂料传递效率高达65%以上。涂料传递效率高意味着涂料浪费少,节约成本,减少污染,有利于工作环境和涂装技师的身体健康,同时也降低了更换烤漆房底部过滤棉和排风口过滤棉的成本,提高了生产效率。因此,HVLP环保型喷枪逐渐得到广泛使用。

使用HVLP喷枪,要注意以下几点:

(1)使用HVLP喷枪,对空气压缩机及压缩空气供气系统的要求比较高,如果压缩空气供气量不足,供气压力不稳定,则对喷枪雾化及喷涂质量的影响比较大。使用HVLP喷枪,一般情况下压缩空气主管路的内径要达到50mm,支管路的内径要达到25mm,橡胶软管的内径要达到10mm。

(2)HVLP喷枪喷涂速度比传统喷枪速度慢5%~10%,离工件距离是13~17cm,而传统喷枪距离是18~23cm。如果使用HVLP喷枪时仍旧按照传统喷枪操作方法操作,就达不到好的喷涂效果,这就需要维修企业涂装修复技术人员快速掌握HVLP喷枪的使用技术。

由于以上两个原因,一些喷枪厂商同时也推出介于传统喷枪和HVLP环保型喷枪之间的低流量中气压高效喷枪,较传统喷枪能省漆15%~20%,耗气量较HVLP喷枪低(HVLP喷枪耗气量为430L/min),在推荐气压200kPa喷涂时,耗气量不到300L/min,较传统喷枪的370L/min更低,而喷涂气压、走枪速度和传统喷枪较为接近,目前也得到了较为广泛的应用。

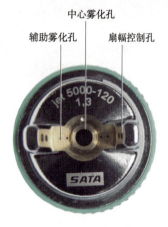

图3-15 空气帽

3. 喷枪结构

喷枪主要由枪体、喷嘴和空气帽等组件组成。枪体上有枪体手柄、空气调节旋钮、漆量调节旋钮、扇面调节旋钮、枪壶接口、扳机等,喷嘴部位有空气帽、喷嘴、枪针等。

扣下喷枪扳机时,空气阀先开放,压缩空气经由压缩空气通道到达空气帽各个气孔并高速喷出,再向下进一步扣下扳机时,喷嘴打开,涂料沿红色管道由喷嘴处喷出并雾化。

空气帽的作用是使压缩空气将涂料雾化成一定形状的漆雾。空气帽(图3-15)上有3种不同的孔,最中间为中心雾化孔,中心孔两侧为辅助雾化孔,最侧面在伸出部位的侧孔为扇幅控制孔。

中心雾化孔位于喷嘴外侧,当压缩空气喷出时,会产生负压吸出涂料;辅助雾化孔可促进涂料的雾化,喷枪雾化性能的强弱主要由辅助孔决定。扇幅控制孔的作用是控制漆雾的形状,当扇面调节旋钮关上时,喷雾的形状是圆形,当扇面调节旋钮打开时,喷雾的形状变成长椭圆形。

漆量调节旋钮和枪针在一条直线上,它调整枪针和喷嘴的开口距离大小,从而控制出漆量。将漆量调节旋钮完全关闭时,枪针即完全顶到喷嘴,这时即使扣下扳机,也不会有涂料喷出。喷嘴有各种口径,以满足不同的喷涂需要,喷嘴的口径越大,涂料喷出量越大,因中涂底漆需要较厚的厚度以保证填充性,故底漆喷枪多使用口径较大的喷嘴,一般为1.6~2.0mm,面漆喷枪的口径小于底漆喷枪,做局部修补的喷枪口径一般为0.8~1.6mm。

二、喷枪的调整

1. 喷枪压力的调整

喷枪压力过大或过小都会影响雾化效果及喷涂质量,喷涂不同类型的涂料,或喷涂不同大小的工件,都需要参照产品要求或技术要求调节喷枪气压。最佳的喷涂压力是保证喷涂所需要的喷幅宽度和最佳雾化效果所需的最低压力。气压过高会导致过度雾化从而产生过多喷雾,导致涂料用量增加。气压过高还会导致涂料到达喷涂表面之前已有大量的溶剂挥发掉,涂料到达工件表面时涂层流动性降低,产生橘皮等缺陷,但如果气压过低,会使雾化颗粒较粗,涂膜过厚,可能导致流挂、溶剂泡、橘皮等缺陷。

大多数喷枪本身不带有气压表,可以使用外接数字式气压表或机械压力表。有些喷枪本身就带有内置数字气压表,体积较小且易于读取气压值,近年来开始得到广泛应用,如图3-16所示。

需要强调的是,由于涂装技师很难通过喷枪气流声音准确地判断气压,故对于喷涂质量要求、精度要求比较高的涂装作业,比如喷涂银粉、珍珠底色漆、清漆,一定要使用有气压表的喷枪。

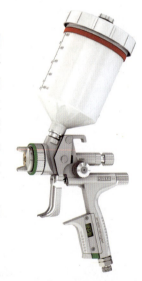

图3-16 内置数字气压表喷枪

2. 扇面的调整

通过调节扇面旋钮可以调节喷幅（扇面）大小（图3-17）。将扇面控制旋钮旋紧到最小，可使漆雾的直径变小，形状变圆；将扇面控制旋钮完全打开，可使漆雾形状变成较宽的椭圆形。较窄的扇面（10～15cm）可用于局部维修，而较宽的扇面（20～25cm）则用于整板喷涂、整车喷涂等大面积喷涂。

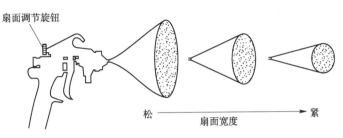

图3-17　使用扇面调节旋钮调整扇面宽度

3. 出漆量的调整

调节漆量控制旋钮以调节出所需的涂料流量，逆时针转动涂料控制旋钮会增大出漆量，顺时针转动涂料控制旋钮，会减小出漆量。

为了确定喷枪的调整是否合理，可以在遮盖纸或报纸上进行测试。以整板喷涂喷枪调节为例，使用HVLP喷枪时，喷枪与测试纸相距10～15cm，而使用传统喷枪时则相距18～23cm。

如图3-18所示，将空气帽旋转90°并旋紧，此时喷枪喷出的喷幅图案将是水平的；喷幅图案应上下左右对称，如果有某个位置不对称，就表示有辅助雾化孔或者扇副控制孔堵塞了。

按下喷枪扳机，喷涂时间稍长一些达到1～2s，看到涂料开始往下流即可以松开，根据流下来的涂料长度可判断喷枪调节是否都合适。

(1) 整个喷幅各个位置涂料流下的长度大致相等（图3-19），说明喷枪调节合适。

图3-18　水平喷幅测试方法

(2) 如果流痕两边长中间短（图3-20），表示出漆量调整过小或气压调整过高，扇面调整过宽或涂料黏度过低也可能出现这样的结果。

图3-19　喷枪测试——流痕长度相同　　图3-20　喷枪测试——流痕两边长中间短

这种情况下，在试枪纸上喷涂一个竖直喷幅，其表现如图3-21所示，表现为上下两头宽，中间窄，中间和两端不均匀。

(3)如果流痕中间比两边长(图3-22),说明出漆量过大或气压调整过小,扇面调整过窄或涂料黏度过高也可能会出现这样的结果。

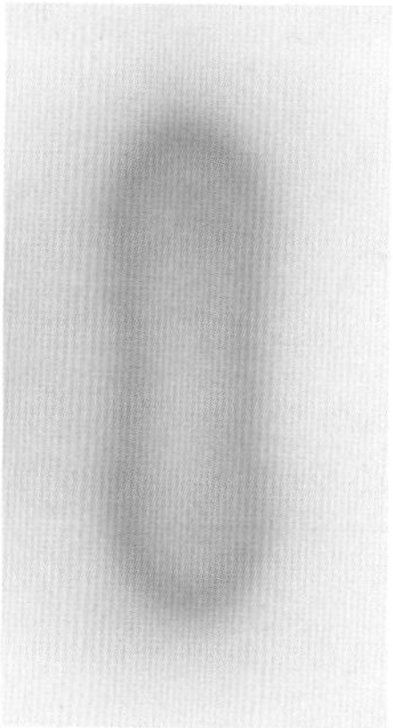

图3-21 喷枪测试——中间和两端不均匀

图3-22 喷枪测试——流痕中间长两边短

这种情况下,在试枪纸上喷涂一个竖直喷幅,其表现如图3-23所示,表现为中间宽且较两端湿润,上下两头窄且干燥,中间和两端同样不均匀。

三、喷涂操作的注意要领

正确调整喷枪是高质量喷涂的第一个重点,正确的喷涂技术则是获得高质量喷涂的第二个重点。以下是喷涂操作的重点。

1. 常用的持枪方法

如图3-24所示,常用的持枪方法是用手掌、拇指、小指及无名指握住喷枪,中指和食指用以扣动扳机,也可用拇指、手掌配合小指、无名指握枪,中指用来扣扳机,食指用于稳定喷枪。

图3-23 喷枪测试——喷幅中间较两端湿润

2. 枪距

喷枪要与工件表面保持垂直并保持合理距离,工件表面往往有各种弧度,整板喷涂的要点是移动的同时保持喷枪与工作表面成90°,并以与表面相同的距离和稳定一致的速度移动,只是距离正确,未做到垂直,同样会导致涂层不均匀,喷枪离得太近时,涂膜会过厚,容易导致流挂。如果喷枪离得太远,会使飞漆增多,涂膜较薄而粗糙,光泽过低、流平、亮度不佳、橘皮重。

喷涂距离与喷涂面积大小有关,工件整喷时一般在15~20cm范围内,大致相当于手掌张开,拇指指尖至小指尖的距离,如图3-25所示。

3. 枪速

喷枪的移动速度在工件整喷时通常为30~60cm/s,取决于涂料的种类及喷涂要求,还与喷幅重叠有关。喷枪的移动速度要适中、稳定一致,移动速度过快,会使涂膜表面显得过干,流平性、光泽度、清晰度都较差;移动速度过慢,会使涂膜过厚发生流挂。

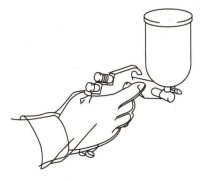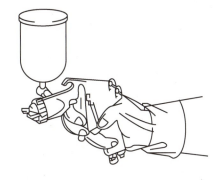

图 3-24　持枪的方法

4. 重叠

初学者练习一般可采用 1/2 重叠，因为 1/2 重叠最容易掌握，即每枪喷涂时，枪嘴都是对着上一枪喷涂的涂层的最下边缘，每次下移 1/2 个喷幅的宽度，即每个位置都重复喷涂了 2 次，最容易判断和掌握。接下来再练习 2/3 重叠、3/4 重叠，2/3 重叠相当于每次下移 1/3 个喷幅的宽度，即每个位置都重复喷涂了 3 次，以此类推，3/4 重叠相当于每次下移 1/4 个喷幅的宽度，即每个位置都重复喷涂了 4 次。

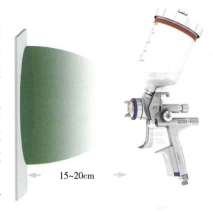

图 3-25　喷涂距离

只有熟知以上规律，在喷涂工件的上沿和下沿时，才能避免少喷 1 次乃至 2 次的漏喷问题发生。很多多年喷涂的涂装技师，仍然会出现工件上面喷涂涂膜不匀的问题，有时上部或者下部少喷 1 枪乃至 2 枪，有时中间也会出现 5~15cm 宽度的涂膜薄、光泽低、橘皮重等现象，就是因为重叠不均，某些部位没有达到其他部位的喷涂次数导致的。

实际喷涂涂料时，一般情况下，第 1 遍喷涂时喷枪的重叠为 1/2，第 2 遍、第 3 遍喷涂时喷枪的重叠为 3/4 或 2/3。底色漆雾喷时，还有对于高难度银粉、三工序珍珠的珍珠层，往往采用 1/2 重叠，以保证喷涂涂层的均匀度。

四、喷涂技巧练习提高的方法

喷涂技巧的练习提高，要遵循从易到难的原则，喷涂质量与喷枪调整、喷枪移动速度（枪速）、喷枪和工件的距离（枪距）、喷枪喷涂时每一枪喷涂的面积和上一枪喷涂面积的重叠比例（重叠）这四个要素有非常大的关系。由于喷枪毕竟是手工操作，很难准确量化四要素中的每一个要素，所以提升喷涂技巧的要点在于首先保证上述四要素都在合理的范围内，其次是能够通过判断涂涂在工件上的涂膜纹理表现，随时判断喷涂四要素是否需要调整。

最重要的判断来自于工件上的涂膜纹理表现，所以，喷涂时，对于一个用右手喷涂的涂装技师来说，要尽量站在工件的左侧，两脚尽量分开站立至 1.5~2 倍于肩宽的距离，这样一来，便于右臂向右伸出，辅助以膝盖的弯曲，右手所持的喷枪很轻松就能够移动出 1m 左右，最重要的是，这时眼睛很容易从侧面看到所喷涂的涂膜纹理表现。否则，如果涂装技师站在工件的正中间,除过工件的两侧远端之外,大部分工件区域的涂膜纹理都无法看到,那就只能是凭感觉去判断枪速、枪距、重叠是否合理,这就很容易出现偏差,因为,从正面也很难判断喷枪枪嘴到工件表面的距离,而且在一个工件上左右移动的范围比较大,很难判断准确枪距是否一直稳定在同一个距离,要知道,枪距只要差1cm,涂膜表面的厚薄就可以差出10μm左右!枪速是否一直均匀,凭感觉也很难确保一直准确无误。

喷枪重叠少的区域,涂膜就会薄,重叠多的区域,涂膜就会厚,要做到喷涂的涂膜均匀,还是要靠涂装技师随时对涂膜纹理的判断,适时的调整。而涂膜纹理的判断,从正面是看不出的,所以才要从开始练习的时候,就养成站在工件一侧的习惯,如果是左手喷涂的涂装技师,就要站在工件的右侧,左臂向左侧伸展喷涂,眼睛随时观察工件表面的涂膜纹理。

练习喷涂技巧,可以先用喷枪喷水练习,对于初学者来说,喷涂工件不宜过大,也不宜选择带有弯曲弧面的工件,因为工件过大会使练习者难以掌握较长距离的匀速移动,枪距也无法保持恒定。当工件带有弧面时,喷枪需要随时和工件表面垂直,也就意味着喷枪要不断随之工件弧度而变化角度,初学者应该先用60cm×40cm平面练习1/2重叠喷涂到有一定熟练度和经验后,再选择面积较小,尺寸为80cm长度左右的车门皮等有一定弧度的工件来练习,开始仍然采用1/2重叠,继而练习2/3重叠、3/4重叠。随着经验和走枪技巧的提高,再换用前翼子板,然后再换用保险杠这样的多弧度多边界的工件来分步骤练习1/2重叠、2/3重叠、3/4重叠,一步一步深化、提高喷涂技巧。

喷涂时,为了避免两侧涂料喷涂过多导致流挂,减少不必要的浪费,节约涂料,在开始喷涂即起枪时,按下扳机的同时应以弧形移动喷枪,在喷枪移动到离开喷涂区域边缘的位置时应松开扳机,以使喷涂区域边缘位置的涂膜厚度合理。

喷涂路线应按从高到低、从右到左、从上到下、先里后外的顺序进行。先喷涂拐角或边缘,然后从工件的最上端开始喷涂。

如图3-26所示,初学者可先用黑色面漆上喷涂了白色线条的60cm×40cm平板练习1/2重叠喷水。

图3-26　喷涂10cm间距白色线条的60cm×40cm黑色平板

用黑色面漆的原因是黑色比较容易明显看到上面喷水的水珠均匀度。由于初学者需要从易到难练习和掌握喷涂技巧,所以平板尺寸不宜过大。每10cm喷涂一条白色线条。

以图 3-26 为例,练习 1/2 重叠时,喷涂第一枪时,枪嘴正好对着板件的边缘,第二枪,枪嘴正好对着第 2 根白线,即喷涂范围下降了 10cm,以此类推,第 5 枪是从左往右,枪嘴正好对着正下面。即 1/2 重叠这个板件是一共往返走了 5 次。

练习 3/4 重叠时,则需要用另外一块黑色面漆上喷涂了白色线条的 60cm×40cm 平板,每 5cm 喷涂一条白色线条,如图 3-27 所示。

喷涂第一枪时,枪嘴是对着板外面上部的 5cm 高度的平行线,如图 3-28 最左上角的箭头位置所示,由左向右移动,这时,枪幅的最下面正好对着第一条白线的边缘。

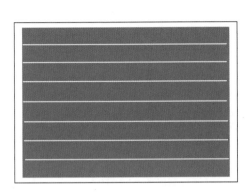

图 3-27　喷涂 5cm 间距白色线条的 60cm× 40cm 黑色平板

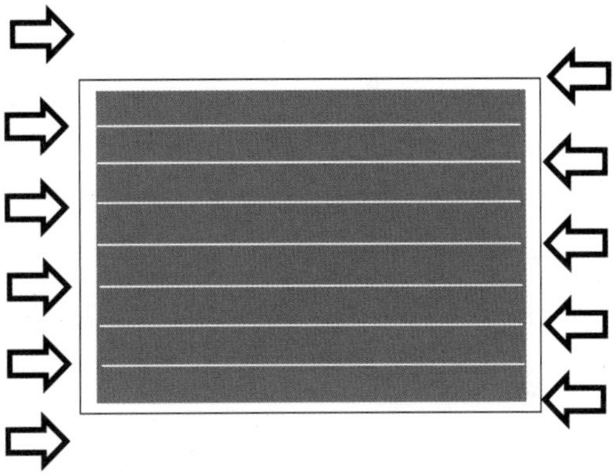

图 3-28　3/4 重叠喷涂练习

第二枪,从右往左移动喷枪,起枪位置如图 3-28 最右上角的箭头位置所示,移动时枪嘴正好对着板件上缘,喷涂范围较第一枪下降 5cm。

以此类推,第三枪是从左往右,枪嘴正好对着板上第一条白线。即 3/4 重叠这个板件是一共需要往返走 11 次,第 11 枪是从左往右走枪,枪嘴是对着板子下面 5cm 的平行线。

我们还可以制作图 3-29 所示的黑色平板,来进行第二步练习,即黑色面漆 60cm×40cm 平板上的白色线条不是贯通整个板件,而是只有两边各有 20cm,中间断开 20cm,来让练习者适应没有白色线条下的走枪同样达到要求。

也可以制作图 3-30 所示的板件,即中间部分有 20cm 的白色线条,但是两边没有,来让练习者做到两边往返时仍能按照要求移动喷枪。

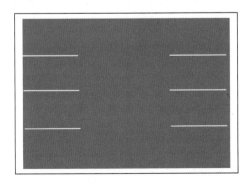
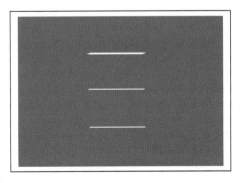

图 3-29　使用中间断开白线的黑色平板练习 1/2 重叠喷涂

图 3-30　使用两边没有白线的黑色平板练习 1/2 重叠喷涂

练习3/4重叠用的板件也可以用以上两个方法制作。

五、喷枪的清洁及维护

要保证喷枪的使用寿命及喷涂质量,必须对喷枪进行良好的清洁和维护。喷枪清洗应在使用完毕后立即进行,尤其对于双组分涂料,如果不及时清洗,涂料就会干固在喷枪中,导致喷枪损坏甚至报废。

喷枪的清洗方法有两种,一种是手工清洗,另外一种是使用洗枪机清洗。无论采用哪一种清洗方法,清洗喷枪的关键在于清洁干净枪杯、涂料通道、空气帽及喷嘴。

1. 手工清洗喷枪

手工清洗喷枪的方法如下:

(1)将剩余涂料倒入专用废弃物收集容器,加入少量洗枪溶剂,用毛刷洗净枪杯。捏下扳机,使溶剂留出,冲洗涂料通道及喷嘴。

(2)洗净空气帽内部沾染的涂料,把空气帽卸下,使用清洗剂用毛刷清洁空气帽。清洗枪针,旋下内置弹簧的漆量调节旋钮,抽出弹簧及不锈钢枪针,用毛刷小心地清洗枪针,防止枪针受损、弯曲变形。

(3)清洗喷嘴,可以用专用扳手小心卸下喷嘴,使用清洗剂用毛刷清洁。

(4)如果喷嘴、空气帽、枪针这些金属构件上面有较难以清洗的涂料,可以将它们在溶剂中浸泡一下,但绝对不要把其他部位乃至枪身整体浸泡在溶剂中,因为这会使密封圈硬化受损,影响到喷枪的雾化及喷涂质量。当喷枪喷涂溶剂性油漆时使用溶剂清洗,当喷枪喷涂水性漆时使用水性稀释剂或洗枪水清洗。

(5)喷嘴和空气帽上面的孔绝对不能用钢丝或任何金属硬物清洁,以免导致喷嘴或雾化孔变形。可以使用专用柔性清洗针和软毛刷清洁。

(6)清洗完毕后,先安装喷嘴,安装时要注意松紧度要和原来一致,不能过紧也不能过松,再安装枪针、弹簧、漆量调节旋钮、空气帽及枪壶。安装好后加入少量溶剂,在具有抽排风的工位用压缩空气喷出并完全吹干净喷枪中溶剂。

2. 使用洗枪机清洗喷枪

使用洗枪机的好处是清洗效率较高,洗枪后的废溶剂可以集中收集、储存、处理,有利于环保。清洗过程中产生的挥发物也较手工清洗喷枪少。

目前市场上有两种常见的洗枪机:快速洗枪机(图3-31)和普通洗枪机(图3-32)。

快速洗枪机可以方便快捷地清洗喷枪,使用时将枪杯卸下,能够快速地洗净喷枪涂料通道、空气帽、喷嘴等位置,这样就可以快速接着喷涂另外一种颜色或者其他涂料。如果喷涂时是使用免洗枪壶,由于枪杯无须清洗,则清洗一般在30s内就可以完成。

普通洗枪机清洗的方法为:

(1)将喷枪和涂料杯的较脏部位预清洗一下。

(2)连接喷枪清洗机空气接头并完全打开气压调节旋钮。

(3)将喷枪扳机拉至完全打开并固定好;将喷枪放在洗枪机内正确的位置上,盖上盖子。

(4)设定清洗时间后打开阀门,气动泵会将溶剂输送到洗枪机中的清洗喷头处,清洗喷头就可以清洗喷枪的喷嘴、涂料通道等位置。

(5)清洗完毕后,按下吹干按钮,吹除涂料通道中的残留溶剂。

(6)取出喷枪,手工补充清洁未洗净的地方,并用干净的抹布擦干喷枪的外部。

具体每种洗枪机的使用方法有所不同,使用前需参照使用说明书。

图3-31 快速洗枪机

图3-32 普通洗枪机

无论是喷枪快速洗枪机还是普通洗枪机,都可以用于清洁喷涂溶剂型涂料的喷枪或喷涂水性涂料的喷枪,只需要使用不同的清洗液即可,但由于溶剂型涂料的废弃物和水性漆废弃物的处理方式不同,故洗枪机需要专用于溶剂型涂料或水性涂料,不能混用。

六、喷枪故障的诊断

喷枪在使用过程中,由于使用不当,清洁、维护不当,老化等原因,可能发生以下故障。

如图3-33所示,在喷枪风帽持平的情况下,将扳机完全按下,然后松开,喷出来的涂料应在纸上形成均匀的竖状喷幅,扇面高度应为20cm左右;

当出现以下形状的图案或者状况时,说明喷枪存在堵塞、受损故障。

1.喷涂图案上下不均

喷涂图案上重下轻或下重上轻,呈手榴弹形,如图3-34所示。

2.喷涂图案左右不均

喷涂图案向左或向右呈月牙形,如图3-35所示。

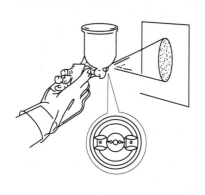

图 3-33　喷枪测试

图 3-34　喷涂图案上下不均

图 3-35　喷涂图案向右呈月牙形

3. 喷枪喷涂不连续

喷枪喷涂不连续是指在正常调配喷枪，捏下扳机喷涂时，不能持续喷涂出涂料，如图3-36所示。

作为一名汽车涂装维修技术人员，当喷枪出故障时应能根据故障现象分析原因，如果故障是由喷枪某些部位不够清洁、堵塞造成的，清洁喷枪即可解决，如果喷枪磨损、损坏，则交给专业喷枪厂商进行维修。常见的喷枪故障现象及解决方法见表3-2。

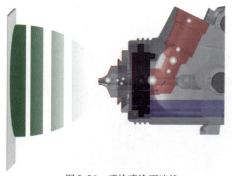

图 3-36　喷枪喷涂不连续

常见的喷枪故障现象及解决方法　　　表 3-2

故障现象	可能的故障原因	解决方法
喷涂图案向左或向右呈月牙形，或上下不均（上重下轻或下重上轻呈手榴弹形）	(1)空气帽上面的角孔堵塞或受损； (2)喷嘴堵塞或受损	将空气帽旋进180°进行喷涂测试，如果喷涂图案仍向原来的方向偏，则应是喷嘴堵塞或损坏；如果喷涂图案和原来相反，则问题出在空气帽上。如果是堵塞，清洗即可；如果是损坏，则需要更换
喷枪喷涂不连续	(1)喷枪密封受损； (2)喷嘴安装松弛； (3)枪杯内涂料不足； (4)涂料通路堵塞； (5)吸力式喷枪枪杯顶部进气口堵塞	(1)更换新垫圈； (2)重新安装喷嘴至合适松紧度； (3)添加涂料； (4)清洗喷枪； (5)吸力式喷枪枪杯顶部进气

第三节 喷烤漆房

知识要求

1. 不同类型喷烤漆房的区别及特点（中级技能）；
2. 不同类型喷烤漆房的使用及维护方法要点（中级技能）；
3. 喷烤漆房废气处理方式（中级技能）。

技能要求

1. 能使用喷烤漆房完成喷涂（中级技能）；
2. 能对喷烤漆房进行维护（中级技能）。

汽车喷烤漆房是进行汽车漆喷涂、烘烤作业的设备。喷烤漆房最确切的描述应为"喷漆及烤漆房"，一般简称烤漆房。不同类型的汽车修补漆选择的烤漆房类型也不相同，汽车制造厂生产线上所使用的原厂高温漆，烘烤温度要达到120~170℃，烤漆房要能对汽车表面进行这个温度范围内的高温烘烤；而在汽车维修企业采用的是低温汽车修补漆，烤漆房烘烤温度范围一般为60~80℃。本节主要介绍使用低温修补漆时所使用的烤漆房。

目前使用的烤漆房一般采用气流下行式，即空气从上部进入，经过车顶向下从车身两侧的排气地沟排出。经过滤后，干净、干燥、适温的空气在流过车身时不会带入灰尘，并连同飞扬的漆雾也一同向下吸走，防止飞漆污染新涂的漆面。气流下行式烤漆房减少了喷涂操作人员可能吸入的飞漆和溶剂蒸气，有利于喷漆工的身体健康。

烤漆房主要由房体、加热系统、送排风系统、照明系统、空气净化系统、电控系统等部分组成，墙板钢板选用彩色喷塑镀锌板，厚度通常为60mm。墙板内的填充物选用阻燃、保温、隔热的岩棉，并采用插口型拼装结构。

烤漆房内照明要求在800lx以上，通常采用房顶两侧安装多组无影日光照明灯向下照射，以保证室内光线明亮。

一、烤漆房的类型

1. 按尺寸分类

烤漆房按尺寸可分为小型、中型、大型、特大型四种类型，可根据车间或车辆特殊要求定制。

（1）小型房体长度为8000mm以内。
（2）中型房体长度为8000~12000mm。
（3）大型房体长度为12000~16000mm。
（4）特大型房体长度一般大于16000mm。

汽车维修企业常用的小型标准烤漆房房体的外径尺寸：长度、宽度、高度分别为7124mm、5566mm、3408mm，内径尺寸：长度、宽度、高度分别为7000mm、3890mm、2650mm。

2. 按车辆进、出方式分类

烤漆房按车辆进、出方式分为室式烤漆房和通道式烤漆房。

(1)室式烤漆房是指车辆进、出在同一侧,由同一个大门进出,是目前汽车维修企业中最常见到的一种烤漆房。

(2)通道式烤漆房是指车辆是由两侧两个不同的门进、出,由一侧进入,完成施工后由另外一侧驶出。主要适用于喷、烤分开的流水作业,是目前汽车维修企业流水线生产方式常采用的烤漆房。

3. 按使用的能源类型分类

烤漆房按使用的能源类型分为燃油型、燃气型、电加热型及混合型。

(1)燃油型烤漆房以燃烧油料(一般为柴油)产生的热量间接加热空气,使热空气通过风机送入烤漆房以在其中进行升温喷漆、烘烤,故也属于对流型或者称为空气干燥型烤漆房,以柴油型烤漆房最常见。

(2)燃气型烤漆房以气态燃料如天然气、城市煤气、液化气等作为能源燃烧间接加热空气,通过风机将热空气送入烤漆房以升温喷漆、烘烤,也属于对流型或者空气干燥型烤漆房,其中以天然气型烤漆房最常见。

(3)电加热型烤漆房以电能直接加热空气送入烤漆房,以完成升温喷漆、烘烤作业。

①老式的电加热型烤漆房,通过电热丝加热空气。同样属于对流型或者空气干燥型烤漆房。

②新型的电加热型烤漆房,将电能转换成其他形式热能来实现加温、烘烤。比如目前常见的红外线辐射干燥型烤漆房,将电能转换成红外线辐射来加热,属于红外线辐射型烤漆房。由于其具有低能耗高效率的特点,越来越受到客户的青睐。此外,量子烤漆房也属于电热型烤漆房的范畴。

(4)为了实现更高效更节能的喷漆及烘烤作业,将对流式和辐射式结合在一起的烤漆房,称为混合型烤漆房。喷涂时采用柴油燃烧加热空气,以对流方式升温,在烘烤时采用红外线辐射加温模式。混合型烤漆房的优点:

①在北方地区冬天温度较低,仅仅采用红外线辐射式烤漆房,会不便于涂装时升温施工,而混合型烤漆房可以解决这个问题。

②在烘干油漆时,为了达到更高的干燥效率,采用红外线加热模式的同时还可采用热风循环,以加快油漆干燥。

二、柴油型烤漆房的结构和特点

1. 柴油型烤漆房的结构

柴油型烤漆房主要由房体、加热系统、送排风系统、照明系统、空气净化系统、电控系统等部分组成。

(1)加热系统由柴油燃烧器和热能转换器组成。

(2)送排风系统(图3-37)主要由风机柜、送风机、排风机和送、排风管路组成。风机柜可置于室体后侧、顶侧或两

图3-37 送排风系统

侧,通常在风机柜柜板内填消声材料,可有效降低风机的噪声。

(3)在房体内顶侧部安装照明灯箱,灯箱内装无影灯式荧光照明灯管,保证光照度超过800lx。目前,很多荧光照明灯管换成LED,更加节能。

(4)进气过滤采用Ⅱ级过滤,即进风过滤(初效过滤)及顶部过滤(亚高效过滤)相结合的形式。进风过滤棉在进风口处,能有效地捕捉直径大于$10\mu m$的尘粒,顶部过滤棉设置在静压室底部,用顶网支撑,具有多层结构,能有效地捕捉直径大于$4\mu m$的尘粒。

(5)电控系统控制箱能实现热风循环、烘干温度自动控制、故障报警等功能,同时具有电动机过电流保护、缺相保护、短路保护等保护功能。先进的电控系统能实现正负压调节、空气流速调节、工作时间累计、远程控制等功能。

2. 柴油型烤漆房的特点

(1)根据喷涂状态和烘烤状态的需要可调节排气管和进气管,使喷涂状态时排出废气,烘烤时则不断循环空气并将热空气反复使用,保持温度节约能源。

(2)国内的烤漆房一般采用正压送风,其送风气压一般保持在室内高于室外4~12Pa,压力大小可通过调风门调节,正压送风可保证室外空气不能进入烤漆房,保持烤漆房内的清洁。而在有些国家,法规要求烤漆房必须采用负压送风,送风气压保持在室内低于室外,以保证烤漆房内漆雾不能溢出,避免污染外部环境。

(3)在对汽车加温烘烤时,汽车修补涂料烘烤温度一般以被烘烤物体表面温度达到60~80℃为宜,若温度达到80℃以上会造成仪表、塑料件变形等,若达到90℃以上有可能引起燃油起火、爆炸等。柴油型烤漆房烘干时最高可升温至80℃。室内温度相对比较均匀,每一点的温度变化范围为±2℃,一般从室温20℃升高至60℃不超过15min。

(4)由于油漆喷涂及烘烤时通风方式不同,喷涂时与烘烤时空气流速是有差别的,一般喷涂时空气流速在0.2~0.6m/s。对涂膜进行加温烘烤时空气流速一般在0.05m/s左右。

三、新型的电加热型烤漆房

新型的电加热型烤漆房包括红外线烤漆房和量子加热型烤漆房(以下简称"电加热型烤漆房")。如今电加热型烤漆房越来越多地被汽车维修行业所使用,如将其细分应属于电热辐射型烤漆房。电加热型烤漆房具有高效、节能、环保、安全、烘烤效果好、经济实用等特点,可替代燃油、燃煤、燃气及电热管供热等传统热风型烤漆房。

1. 电加热型烤漆房的结构特点

(1)电加热型烤漆房与柴油型烤漆房在结构上的差异并不大,主要区别在于加热系统。电加热型烤漆房取消了原柴油型烤漆房的柴油燃烧器,通过在烤漆房室内墙面安装红外线烤灯或量子加热器来实现加热目的。

(2)电加热型烤漆房可由柴油型烤漆房改装而成,拆除原柴油燃烧器,在烤漆房内壁上加装红外线烤灯即可。

2. 电加热型烤漆房与柴油型烤漆房优缺点对比

(1)与柴油型烤漆房相比,电加热型烤漆房的优点见表3-3。

电加热型烤漆房的优点　　　　　　　　　　表 3-3

项目	柴油型烤漆房	电加热型烤漆房
烘烤时间	40min	20min
能源成本 （以整车喷涂为例）	需 10L 柴油，按 7.5 元/L 计算，需 75 元	如功率为 30kW，电费约需 10 元
烘烤原理	由漆面向车体传导热能 （由外向里干燥）	由车体向漆面传导热能 （由里向外干燥），易彻底快速干燥
环保性	有油烟及可吸入颗粒物排放	无油烟排放
安全性	运输、存储、燃烧过程中存在安全隐患	安全隐患小

（2）电加热型烤漆房的缺点有：

①电加热型烤漆房不能进行升温喷涂，只能先打开加热器烘烤车体或板件进行预热后，再关闭加热器进行喷涂。对于北方寒冷地区，冬天室温很低，降温很快，会影响喷涂效果。因此在北方寒冷地区，最好使用混合型烤漆房，以保证可进行升温喷涂作业。

②电加热器打开后禁止人员暴露在辐射区域内，并且不能将任何物体直接贴在电加热器表面。

四、烤漆房使用及维护方法要点

1. 通用的使用及维护要点

无论是何种类型烤漆房，其使用及维护方面通用的要点有：

（1）车辆进入烤漆房前必须清洗干净。

（2）不得在烤漆房内打磨车辆。

（3）严禁在烤漆房内吸烟和使用明火。

（4）定期对墙板上的污垢和漆渣进行清洁。为了高效保护墙板、高效清洁，可喷涂可剥型保护膜，照明灯罩和玻璃视窗上喷涂透明、可视型保护膜，墙壁上喷涂白色保护膜，如图 3-38、图 3-39 所示。

图 3-38　透明可剥型保护膜　　　　图 3-39　白色可剥型保护膜

使用方法是用普通喷枪直接喷涂在清洁干净的烤漆房墙板及玻璃、灯罩上,墙板上局部被污染时,可以补喷白色可剥型保护膜。一般在烤漆房使用半年后,保护膜上黏附漆尘比较多时,即可剥除后再次喷涂。与普通的贴附保护膜的方法相比较,贴护保护膜无法总是保持紧贴墙板,比较蓬松,漆尘容易再次飞落在喷涂的漆面上,导致脏点多从而加大抛光工作量,花费更多时间和成本。

(5)所有日常维修和定期养护,都必须切断烤漆房主电源开关,挂"注意:在维修中勿送电"的警示牌。

(6)进气过滤网一般在使用100h左右,或沉积的灰尘较多时,应进行吸尘清理或更换。

(7)房顶的过滤棉一般使用400h左右,需进行吸尘处理,若发现过滤空气不清洁,则需更换。

(8)房体内地网过滤棉使用80～120h,应进行吸尘清理或更换。环保部分活性炭一般使用450h后需进行更换。

(9)烤漆之前需要关闭照明灯。

(10)定期2个月对照明灯进行清理。

(11)定期1个月打开并检查送排风机座,检查风机电线是否老化,并对壳体里面漆雾进行清扫。

(12)定期4～6个月检查风机轴承座、风机地座等各连接部件的螺栓松紧情况。

2. 燃油型烤漆房使用及日常维护注意事项

1)喷涂时使用方法要点

(1)环境温度低于15℃时,设定升温喷涂温度值。环境温度高于20℃时,无须设定。

(2)接通电源。

(3)打开喷涂开关。

(4)打开照明开关。

(5)喷涂结束后,根据产品说明书预留合适的流平时间。关闭照明灯,关掉喷涂开关。

2)烤漆时使用方法要点

(1)设定烤漆所需温度和时间。烤漆之前必须关掉电源开关,再设定温度及时间,否则可能损坏温控仪和累时器。

(2)打开电源开关。

(3)打开烤漆开关。

(4)当烤漆温度达到设定值时,烤房自动保持恒温。当烤漆时间达到设定值时烤房将自动关机,烤漆结束。

(5)在烤漆过程中需要停机或在烤漆结束时,应先关掉燃烧点火开关,等20s后,再关掉风机开关,否则热交换器将会损坏。

3)燃油型烤漆房日常维护重点注意事项

(1)初级柴油滤芯器一般工作100h需拆下清洁,200h更换。二次滤网一般使用150h将其拆下清洁。

(2)喷油嘴维护:使用200h左右,如发现燃烧器火焰很小且冒烟,即需拆洗。

3. 量子电加热、红外电加热烤漆房使用及日常维护注意事项

(1)打开电源开关。

(2)打开照明按钮。

(3)接通常温喷涂电源。

(4)当环境温度低于15℃时,车辆进入烤漆房内后,先打开量子电加热器或红外电加热器外开关,使车体预热5~10min,此时工作人员禁止在烤漆房内,不能进行喷涂操作。

(5)量子电加热器、红外电加热器表面会产生高温,切勿触摸,切勿将任何物体直接贴在电加热器表面。

(6)在电加热器开启状态下不得进行喷涂作业。

(7)喷涂时需要带进烤漆房内的漆料,应在烘烤前带离烤漆房。

(8)被烘烤物体与量子电加热器、红外电加热器距离必须大于500mm。

(9)喷涂结束后,根据产品说明书预留合适的流平时间。保持开启喷涂电源,使送排风机正常工作。

(10)流平结束后打开烤漆按钮,设定烤漆温度和烤漆时间,打开两侧、前后、顶部的量子电加热器或红外电加热控制开关按钮,烤漆指示灯亮,此时送排风机全部关闭。当温度到达设定的温度和设定的时间时,两侧、前后和顶部的电加热器全部断电,先是送风机自动开启,等8~10s后,排风机开始起动,共持续2min,以把室内有机溶剂排出。当到达设定的时间后,风机停止工作,烤漆程序全部完成。需要人为提前结束烘烤时,应关闭量子加热器开关8~10s后,打开风机开关2min,排放室内溶剂类挥发物。

(11)定期打开量子辐射器,检查电线是否老化,检查量子辐射器通电是否工作正常和可靠,并对壳体里面的漆雾进行清扫。

4.应至少一年安排一次的检修

(1)检查或清洁所有通风管道,在确保安全的情况下小心清除污垢和漆渣。

(2)检查各电气接线端子的正确隔离及紧固情况,各大功率设备、电气柜的接地电阻是否符合国家规范,绝缘电阻是否符合国家规范。

(3)检查各密封部件的密封情况,包括房体、热能转换器、进排风系统等。

(4)润滑各转动部件。

五、喷涂后的废气处理

1.湿式空气过滤系统和干式空气过滤系统

按空气过滤系统的类型,废气处理系统分为湿式空气过滤系统和干式空气过滤系统。

(1)湿式空气过滤系统。湿式空气过滤系统能滤清喷涂时产生的飞雾,并不受涂料黏度和干燥速度的影响,工作容量大,能减少更换过滤网、过滤棉的费用和时间,并符合环保要求,故广泛应用于气流下行式烤漆房。

湿式空气过滤系统主要有喷淋式、水旋式、水帘式、无泵式等几种,其中水帘式处理效果最好,烤漆房的废气经过水帘式清洗,废气中与空气混合在一起的飞漆被水从空气中冲掉而净化,同时倒流板按与空气相反方向转动,利用离心力的作用收集小液滴,使空气干净、干燥。带有湿式空气过滤系统的烤漆房通常多为汽车生产厂采用。

(2)干式空气过滤系统。干式空气过滤系统主要使用纸、棉、玻璃纤维、聚酯纤维等,对喷涂时产生的废气进行过滤,其工作原理类似于滤网,当空气通过这些过滤材料时,通过过滤材料粘住小纤维及灰尘、飞漆,如玻璃棉过滤材料就具有捕获飞漆的性能,但对挥发性有机化合物(VOCs)则没有吸附作用。使用时要经常检查过滤材料的过滤状况,如吸附饱和,则有可能会影响排风,要及时更换过滤材料。

2. 吸附法

采用多孔活性炭、活性炭纤维或其他吸附剂,利用其吸附功能使有机废气由气相转移到固相,适用于处理低浓度、高净化要求的气体。吸附法设备投入小,净化效率高,使用方便,可以处理多组分气体,故在汽车维修行业烤漆房处理废气方面获得广泛使用。缺点是吸附剂费用较高,再生困难,运行成本较高,且吸附饱和更换下来的废活性炭属于危险废物,需要专门处理。

3. 光催化氧化技术

光催化氧化技术是以纳米二氧化钛及空气作为催化剂,以人工紫外线光波为能量,对废气中的多种有机物及挥发性有机化合物进行裂解和氧化,生成二氧化碳和水排出,达到净化工业废气的目的。

净化设备使用253.7nm波段、185nm波段的紫外线光束,把空气中的氧分子分离产生游离氧,即活性氧,因游离氧所携正负电子不平衡,所以需与氧分子结合,进而产生臭氧,由于臭氧对有机物具有极强的氧化作用,所以能对工业废气及其他小分子物有很好的清除效果。

第四节 压缩空气供气系统

知识要求

1. 压缩空气供气系统的组成(技师技能);
2. 压缩空气供气系统的使用及日常维护(中级技能);
3. 压缩空气供气系统导致的涂膜缺陷原因分析(技师技能);
4. 压缩空气供气系统导致的涂膜缺陷解决方法(技师技能)。

技能要求

1. 能对压缩空气供气系统进行维护(中级技能);
2. 能对压缩空气供气系统导致的喷涂缺陷进行分析及解决(技师技能)。

一、空气压缩机的种类

在汽车维修钣喷车间,空气压缩机是所有气动工具的动力来源,是必不可少的设备。目前汽车维修行业通常使用的空气压缩机有两种,即往复活塞式空气压缩机和螺杆式空气压缩机。

1. 往复活塞式空气压缩机

往复活塞式空气压缩机利用活塞的往复运动来压缩空气,其特点为:

(1)气量中等。

(2)性能随使用时间增长而衰退较快。

(3)机油或油蒸气可能会进入压缩空气管路。

2. 螺杆式空气压缩机

螺杆式空气压缩机通过两个凹凸不平的转子的高速运动产生压力,其主要优点为:风压风量恒定,噪声小,气量大,空气清洁,节能高效。螺杆式空气压缩机的工作效率和可靠性很高,故近年来已在汽车维修行业得到普及,并逐步取代往复活塞式空气压缩机。螺杆式空气压缩机还具备如下优点:

(1)配备计算机控制系统,操作简单。排气温度、排气压力、电器故障、空气滤清器阻塞、油气分离器阻塞等都能自动显示在控制面板的仪表板上。

(2)具有机组安全保护功能,高压状态不能开机。能对电动机短路、堵转、缺相、错相、过载、不平衡、逆转等情况提供全方位的保护。

(3)使用新型的滤清材料。双层 W 形尼龙进气过滤网,扩大过滤面积,高温不易变形,能捕获微小颗粒、粉尘和油污,避免冷却器阻塞及机油炭化,减少机械损耗及故障,延长使用寿命。

(4)噪声低。采用低转速高角度排热风扇,内衬消声材料,辅以迂回隔离进气防声与栅排式进气消声箱设计,防止机械运转噪声外传。

(5)散热效果好。散热片使用加大型散热材质,具有较强的热交换能力,提高了散热气流静压,从而降低气流噪声;采用轻量化及耐热设计,减轻了电动机负荷;散热风扇角度可变,能够根据不同频率调整风扇角度,达到最佳散热效果。

(6)使用油气分离器。采用四合一油气分离系统,结合保压系统、机油过滤系统和节温系统控制压缩空气含油量,出气含油量小于 $3mg/m^3$。

(7)主机超温保护。主机温度达到104℃时控制器发出报警声音信号,面板显示主机温度,但不停机;当主机温度达到109℃时报警并停机。

(8)排气超温保护。当排气温度超过110℃,温度开关断开,控制器报警停机。

以每月钣喷维修400辆左右汽车的汽车维修企业为例,可使用的螺杆式空气压缩机的规格为:工作压力为 0.85~1MPa,流量为 $3.8m^3/min$,电动机功率为22kW/380V,噪声为68~74dB,质量为400~600kg。具体的选择与气动工具的数量,即压缩空气用气量有关,可由专业设备厂商进行合理配置。

二、空气压缩机配套设备

1. 储气罐

储气罐相当于一个蓄能装置,空气压缩机输出的压缩空气要先进入储气罐暂时储存,随着气动工具的使用,储气罐内的压缩空气不断消耗,当储气罐内的压力降到一定值时,空气压缩机就会重新启动并向储气罐供气。所以储气罐能起到稳定压力和保证气量的作用,能减少空气压缩机的运转时间,从而延长空气压缩机的使用寿命。一般汽车维修企业所使用的储气罐为 $1m^3$ 或 $2m^3$,工作压力为1MPa。具体选择可根据气动工具的数量,即压缩空气的用气量确定。

2. 冷冻干燥机

经空气压缩机压缩的空气,温度高达100~150℃,只有压缩空气降温到露点以下,混合在压缩空气中的油和水才能变成水滴和油滴,从而容易过滤并排放。

以每月钣喷维修 400 辆左右汽车的汽车维修企业为例,可使用的冷冻干燥机的规格为:处理量为 $4m^3/min$,工作压力为 1.3MPa,质量为 60~70kg。具体选择可根据气动工具的数量,即压缩空气的用气量确定,也可由专业设备厂商根据使用需要进行配置。

由于储气罐能够起到一定的散热作用,因此空气压缩机可先连接储气罐然后连接冷冻干燥机,以除去压缩空气中的油分及水分。

3. 精密过滤器

精密过滤器有各种不同的等级。粗过滤器一般可除尘至 $1\mu m$,除油至 10^{-6}。精过滤器一般可除尘至 $0.01\mu m$,除油至 0.01×10^{-6}。超精过滤器可除油至 0.003×10^{-6}。除了过滤精度外,空气处理量也需要和空气压缩机及冷冻干燥机相匹配,一般每月钣喷维修 400 辆左右汽车的汽车维修企业使用的精密过滤器的处理量需达到 $4m^3/min$。

4. 油水分离器

虽然经过空气压缩机、储气罐、冷冻干燥机及精密过滤器的过滤和分离后,压缩空气中只含有非常少量的水、油及微粒,但这些水分、油分及微粒还是有可能会在喷涂时导致涂膜产生质量问题。为确保获得高质量的喷涂效果,必须在支供气管及橡胶软管之间,喷枪、打磨机等气动工具使用前安装油水分离器。油水分离器能通过引流板、离心器、膨胀室、振动片和过滤器的作用,将油、水和微粒从高压气体中分离出来,并通过自动或手动排水阀排出,以确保压缩空气清洁、干燥,保证打磨、喷涂质量。

通常供打磨、除尘的普通工位可安装单节油水分离器;供喷涂的工位可安装双节油水分离器(图 3-40)或三节油水分离器(图 3-41)。

图 3-40 双节油水分离器　　　　图 3-41 三节油水分离器

双节油水分离器的第一节使用黄铜滤芯,可以过滤大于 $5\mu m$ 的杂质、水分和油分,黄铜滤芯需要每 6 个月更换一次;第二节使用纤维滤芯,可以过滤大于 $0.01\mu m$ 的杂质、水分和

图 3-42 三节油水分离器剖面图

油分,纤维滤芯需要每 6 个月更换一次,质量好的双节油水分离器,整体过滤效能可达到 99.998%。三节油水分离器较双节油水分离器增加了一个装有活性炭滤芯的过滤瓶,其剖面如图 3-42 所示,它可滤除 0.003×10^{-6} 的油雾颗粒,过滤效能可达 100%,第三节所使用的活性炭滤芯每 3 个月需要更换一次。

选择油水分离器的时候,一方面要考虑过滤精度要求,另外一方面要考虑其空气流量是否能够满足要求,否则,有可能因为油水分离器空气流量过小,导致气动工具或者喷枪的空气流量不足。可以根据一个油水分离器要供几个气动工具或者喷枪来计算所需空气流量。举例来说,如果一个烤漆房内的油水分离器要同时供 1 把 HVLP 喷枪和 2 把水性漆吹风筒使用,那么所需的空气流量是 $430L + 270L \times 2 = 970L$。如果要供 4 把 HVLP 喷枪同时喷涂,则所需的空气流量是 $430L \times 4 = 1720L$,这种情况下使用 $2m^3/min$ 以上的油水分离器才能保证喷涂所需。

对于具有自动排水功能的油水分离器,可在底端排水阀处连接软管,使排出的油水流入收集容器。对于没有自动排水功能的油水分离器,每日需打开排水阀 1~2 次,将分离在杯中的油、水放掉。

三、压缩空气供气系统

压缩空气供气系统是指从空气压缩机到车间各工位压缩空气供气点的设备和各种装置及管路的组合,除包括上述设备外,还包括固定管道、橡胶软管、接头、阀门等。压缩空气供气系统要能确保耐压,不泄漏,不会导致大的不必要的压降浪费成本,还要确保压缩机空气的纯净、干燥,故设备配置及管路布置都非常重要,需要专业的公司进行配置及设计。以下是压缩空气供气管道设置要点。

1. 供气主管

(1) 供气主管应在车间上方设置为环形,以保证各处的压力均衡稳定;管径需要根据压缩空气用量计算确定,一般应达到公称直径 DN50~80(内径 2~3in);供气主管应采用能耐压 1.2~1.6MPa、耐温 60℃ 的镀锌钢管、不锈钢管、改良 PVC 管或铝合金管。

(2) 供气主管应逐步向排水端倾斜,倾斜度为 1/100,并在排水端设自动排水阀,以利于管道内分离、积累的油和水的排放。排水端供气支管与主管的连接方式如图 3-43 所示。

(3) 供气管路应尽量走直线,减少弯通、阀门,因为弯通、阀门

图 3-43 排水端供气支管与主管的连接方式

都会造成压力损耗。

2. 供气支管

(1)供气支管应从供气主管上方以倒 U 形分出、下垂至工位所需高度,这样可防止主管中的水分进入供气支管;支管内径同样需要根据压缩空气用量计算确定,一般应达到公称直径 DN25~50(内径 1~2in)。不同工位支管与主管、支管与橡胶软管的连接方式不同。喷涂工位,即通往烤漆房内的供气支管与供气主管的连接方式如图 3-44 所示,上方要采用倒 U 形或称为鹅颈管方式相连,喷涂软管不从最下方出口连接,而是从另外一个横向支路连接,以便管路中万一有水分时,能通过最下方出口排水。

使用气动工具的工位,即使用打磨机、抛光机的工位,供气支管与供气主管的连接方式如图 3-45 所示,上方供气支管仍然采用倒 U 形或称为鹅颈管方式与供气主管相连,压缩空气软管可以从最下方出口连接。

(2)供气支管及橡胶软管之间应安装油水分离器,以再次进行油水分离,保证打磨、喷涂质量。通常供打磨、除尘的普通工位可安装单节油水分离器;供喷涂的工位可安装双节或三节油水分离器。

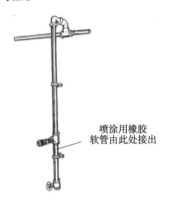

图 3-44 喷涂工位供气支管与供气主管的连接方式

图 3-45 打磨、抛光工位供气支管与供气主管的连接方式

3. 橡胶软管

橡胶软管内径应达到 8~10mm,对于使用 HVLP 喷枪并使用较多气动工具的汽车维修企业,建议使用 10mm 内径的橡胶软管以确保压缩空气供气量能够保证 HVLP 喷枪的需要。橡胶软管长度每增加 5m,就会导致 0.02~0.035MPa(0.2~0.35bar)的压力降,因此建议橡胶软管的长度不要超过 10m,橡胶软管的材质要求柔软易弯曲、防静电和不含硅。

四、空气压缩机的安装、使用及日常维护

1. 安装空气压缩机

由于空气压缩机在运转中会产生热量并排出水分,故安装空气压缩机时要注意以下几点:

(1)空气压缩机需安装在通风、散热良好的房间里,以保证空气压缩机吸入清洁空气。通常正常运转后温度在 68~88℃,具体合理运转温度须参照厂家产品要求。

(2)空气压缩机需安装在距离墙面至少 30cm 的位置,以利于检修、维护和散热。

(3)空气压缩机房需设置排水沟,以使空气压缩机、储气罐、冷冻干燥机所排出的水分能有效排出,保证空气压缩机房的清洁干燥。

2.空气压缩机的维护

空气压缩机的维护关系到压缩机的使用寿命、供气质量及工作效率。因此,一般需要对空气压缩机进行每日维护和每月维护,使压缩机时刻处于最佳工作状态。

1)每日维护

(1)放掉储气罐、油水分离器、冷冻干燥机中的水。

(2)检查曲轴箱的机油液面高度,确认是否在油尺标线之间。

(3)运转中检查有无异常噪声。

2)每月维护

(1)清洁空气滤清器,可用溶剂清洗过滤材料,晾干后重新装好。

(2)添加或更换曲轴箱内的机油。空气压缩机的机油一般每工作500h或2个月要更换一次,必要时可缩短更换时间。

(3)检查空气压力表是否正常。

(4)检查空气压缩机在全负荷运转中的温度是否正常,是否超过说明书要求的温度范围。

第五节 遮蔽工具、材料及遮蔽方法

1.贴护方法(初级技能);

2.遮蔽材料及遮蔽方法(初级技能)。

1.能使用遮蔽材料完成打磨前贴护(初级技能);

2.能使用遮蔽材料完成喷涂前遮蔽(初级技能)。

在汽车涂装维修时,为了保护其他车身非喷涂区域和部件不被作业中产生的虚漆、漆雾等污染,需要对修补区域相邻部位和无须喷涂部件进行遮蔽。

一、遮蔽的目的和不同遮蔽方法的优缺点比较

1.遮蔽的目的

(1)前处理作业中,保护作业区相邻部位不受研磨、刮涂、烘烤等作业的影响。

(2)喷涂作业中防止漆雾黏附在其他非喷涂区域。

(3)避免其他非喷涂区域的灰尘等被吹附到喷涂区域。

(4)抛光作业中保护非抛光区和车身附件不被污染,减少车辆清洗工作量。

(5)通过遮蔽喷涂车身图案和实现分色喷涂。

2. 传统遮蔽方法

有一些汽车维修企业喷涂时使用报纸加胶带作为遮蔽,此方法看似成本低廉,但有以下缺点:

(1)因报纸尺寸限制,大面积遮蔽时需使用较多胶带,造成胶带浪费。

(2)遮蔽速度慢,耗时耗力,大大增加人工成本。

(3)报纸表面的油墨及纤维脱落容易导致漆面污点,增加了后期抛光作业的工作量。

(4)无法有效防止油漆渗透,导致喷涂区边缘油漆渗透,增加后期清理的工作量,甚至导致损坏相邻区域漆面及部件。

部分维修企业为了节约成本,用车罩罩住汽车无须喷涂的部位并重复使用,需要涂装的部分则采用报纸遮蔽。但由于车罩面积较大,不易清理,重复利用会导致污染烤漆房,造成漆面污点,增加抛光成本和烤漆房更换滤棉的频率,影响质量,造成成本增加。

3. 先进遮蔽方法

目前较为先进的遮蔽方法是采用遮蔽膜、遮蔽纸、水性遮蔽膜和各种专用胶带合理配合进行遮蔽,如图3-46所示。

这些方法保护效果好,效率高,又能避免传统遮蔽方法带来的问题,故得到越来越多的维修企业采用。本节将分别介绍一些能够提高喷涂作业效率和质量的遮蔽材料的特点和使用方法。

图3-46 使用遮蔽膜、遮蔽纸及专用胶带遮蔽车身

二、遮蔽纸

1. 遮蔽纸的优点

(1)经过了防静电处理,能有效防止灰尘吸附,同时不会有纸纤维掉落,避免导致漆面污点。

(2)能快速吸附油漆,避免在喷涂过程中油漆从遮蔽纸上流挂。

(3)遮蔽纸纸基紧密,并涂有防渗透涂层,能有效防止油漆渗透。

(4)纸基经过柔韧处理,易粘贴于任何不规则表面。

(5)经过耐高温处理,保证在烤漆房内安全使用,烘烤时不会燃烧。

(6)配合遮蔽纸专用裁切机使用(图3-47),能同时安装几种不同宽度的遮蔽纸,以按需选取;遮蔽纸与遮蔽胶带自动粘贴,无须专门粘胶带;每个安装部位都配有剪切器,使用时可按需裁取所需长度,避免浪费,省时省力。

2. 遮蔽纸使用方法要点

(1)遮蔽纸使用时应做到表面平整,不应形成口袋状折皱(图3-48),以免喷涂时飞入漆尘,在后面喷涂时吹出而造成漆面污染。

(2)使用时应将遮蔽纸光滑的涂层面朝外,以防止油漆渗透。

(3)根据遮蔽位置大小选择合适宽度的遮蔽纸,一次裁切合适长度的遮蔽纸,可提高效率和减少浪费。

(4)使用裁纸机裁切遮蔽纸时,应先从有胶带的一侧切割,避免裁切过程中胶带与遮蔽纸分离。

遮蔽纸的宽度一般不超过120cm,因为大部分涂装维修作业都是维修1~3个板块,大部分表面不需要喷涂,如只使用遮蔽纸遮蔽,就会因为宽度不够需要拼接而影响遮蔽速度,故同时使用遮蔽纸及遮蔽膜遮蔽是一种更为高效的方式。

图3-47 遮蔽纸专用裁纸机

图3-48 后视镜贴护形成口袋状折皱

三、遮蔽膜

遮蔽膜(图3-49)一般是由聚乙烯、聚丙烯等材料制成的很薄的薄膜,其宽度比遮蔽纸宽,比较适合于大面积遮蔽。

1. 专业遮蔽膜的特点

(1)能够防止溶剂渗透。

(2)能够防止漆尘脱落或涂料干燥以后脱落损坏未干漆面。

(3)不会产生静电吸附灰尘。

(4)能够耐60~80℃高温烘烤。

(5)热反射型铝化PE塑料遮蔽膜可耐热至170℃,用于防止IR红外线烤灯烘烤时造成的塑料件变形。

2. 遮蔽膜的使用要点

(1)专业遮蔽膜经过特殊处理,可紧紧依附于须遮蔽的车身表面,减少固定所需时间,提高效率。如果遮蔽膜印有文字图案,使用时遮蔽膜的印刷面应朝外,否则遮蔽膜就无法附到车身上。对于不具备吸附性的遮蔽膜,可以配备小的磁铁或磁条,以固定遮蔽膜。

(2)遮蔽膜使用时可以把修补喷涂区域根据需要裁切开,再用遮蔽纸遮蔽,这样能大大减少遮蔽时间,如图3-50所示。

(3)使用遮蔽膜前应确保汽车表面干燥。遮蔽膜下残留的水分不易挥发,尤其在烘烤时容易形成钙化物污点,难以清洗去除。

四、水性遮蔽膜

水性遮蔽膜是一种新型遮蔽材料,如图3-51所示。水性遮蔽膜的最主要优点是可以直接用喷枪喷涂在需要遮蔽的部件上,方便高效。

图 3-49　使用遮蔽膜遮蔽　　　　　　　图 3-50　割开遮蔽膜

水性遮蔽膜可于车辆钣金工作前就喷涂于汽车表面,15min即可固化成一层透明保护膜,对车身起到保护作用,例如,钣金维修中难免有焊接火花、铁屑飞溅到漆面,这层保护膜可以使漆面免于伤害,另外,也能防止钣喷维修过程中的轻微刮伤,抛光时还可以使漆面免受飞蜡污染。车辆表面的灰尘会被水性遮蔽膜黏附封闭在里面,这样也会减少喷涂面漆时的清洁工作,减少漆面脏点,减少抛光工作量。

当使用遮蔽膜、遮蔽纸遮蔽时,为了不影响视线及车辆移动,汽车要在驶入烤漆房后才能遮蔽前风窗玻璃及轮胎,而在喷涂完成后,为了移出车辆,也需要先除去前风窗玻璃及轮胎上的遮蔽物,这个遮蔽和去除需要 15min 左右时间,而去除前,还需要等车辆温度下降 5~10min。而喷涂的水性遮蔽膜是透明的,它可以提前喷涂在前风窗玻璃及轮胎上,不影响车辆移动,故它可以帮助我们节省这个环节占用烤漆房的 20~25min 时间。

抛光完工后正常洗车,即可连同包住的灰尘、表面的飞漆、飞蜡一并清除,从而大大减少遮蔽、清洁工作量。

图 3-51　水性遮蔽膜

水性遮蔽膜属于水性产品,无毒、无刺激性气味、无重金属,对人体无害,故可以直接在车间里喷涂。使用环保材料,可生物降解,所以洗车废水可直接排入市政排水系统。使用水性遮蔽膜时,由于喷涂部件旁边区域喷涂上去的涂料比较多,故需要在待喷涂部件周围贴一圈遮蔽纸,与完全使用报纸、遮蔽纸、遮蔽膜相比,它能减少大量固体垃圾,降低火灾隐患,故水性遮蔽膜属于一种先进的环保高效产品。

五、遮蔽胶带

如同遮蔽纸、遮蔽膜一样,汽车修补漆用遮蔽胶带必须能耐 60~80℃ 的高温烘烤,能抗溶剂,而且要能够在撕下胶带时,不会在车身表面留下残胶,否则会需要花费很多时间去清理。遮蔽胶带通常有 4 个组成部分,详见表 3-4。

遮蔽胶带的组成及其各自作用　　　　　　　　表3-4

组　成	作　用
背面处理剂	用于防止遮蔽胶带自身黏结
背衬底材	一般为纸质,具备一定韧性
底层涂料	提高黏结剂与背衬底材之间的附着力,防止黏结剂残留在工件表面上
黏结剂	提供黏附力,确保遮蔽胶带牢固粘贴在车体表面上

(1)普通纸质胶带(图3-52)。普通纸胶带有多种宽度可选,可满足大部分的遮蔽需要。去除遮蔽胶带,应在汽车烘烤后,烤漆房室温降低至涂装技师可操作,但车体还有较高余温时操作,这样既可以轻松地移除遮蔽胶带,又不会残留任何残留物在车身上。烘烤前,未用完的遮蔽胶带要带出烤漆房内,否则黏结剂会被烘干而使胶带粘连,影响下次使用。

(2)分色胶带(图3-53)。通常其底材为聚氯乙烯,适用于图案喷涂,双色或多色喷涂,能够保证不同颜色色漆涂装分界边缘清晰、整齐、无缺陷。另外,由于柔韧性好,遮蔽弧形边界的效果也比较好。

图3-52　普通遮蔽胶带

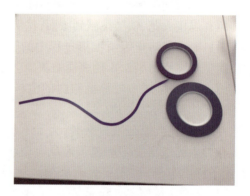

图3-53　分色胶带

如图3-54所示,绿色图案的右边弧形边缘使用质量好的分色胶带,边缘整齐无锯齿,上边缘使用质量相对较弱的胶带,边缘不整齐,有锯齿。

(3)线条喷涂胶带(图3-55)。这种胶带上本身有多种宽度的切痕,可以根据需要喷涂的线条宽度,沿着切痕撕下胶带,从而能高效完成平行、平直线条喷涂前遮蔽,避免了线条两侧使用胶带遮蔽造成的线条不齐整、不平行的问题。

图3-54　使用分色胶带与普通胶带对比

图3-55　线条胶带

第三章　涂装维修用设备、工具知识

（4）缝隙胶带，又称为泡棉胶带，如图3-56所示。它是用聚氨酯泡沫体加入黏结剂而制成的，呈圆柱形，能高效完成工件之间缝隙的遮蔽，防止涂料喷入缝隙，防止形成喷涂台阶。缝隙胶带有不同的尺寸，可根据缝隙大小选择合适粗细的胶带。

注意使用时应将胶带均匀贴在缝隙边缘处，不可突出或缩入缝隙边缘。图3-57所示，就属于缝隙胶带使用不当，因为中间部位的缝隙胶带已经突出到了车门表面上，会导致油漆喷不到。

使用时可反复调整至位置刚好合适，在弧度位置不可拉扯过紧，避免回弹脱落。

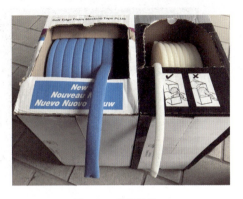

图3-56　缝隙胶带

缝隙胶带还有一个使用诀窍，即尽量不要撕断，而是从包装盒中持续拉出使用，以免断开部位补贴胶带浪费时间且效果还不好，如图3-58所示。

图3-57　缝隙胶带使用不当　　图3-58　从包装盒中持续拉出使用缝隙胶带

喷涂完毕，去除缝隙胶带时应沿缝隙胶带水平方向缓慢用力拉除，否则容易拉断，速度反而会更慢。

（5）车窗密封条遮蔽胶带，又称窗沿胶带，如图3-59所示。

有一些车窗密封条或饰条与车身贴合比较紧密，很难拆除，当遮蔽这些密封条时，很难分隔密封条与喷涂表面，也很难确保准确遮蔽，往往导致涂料喷涂在密封条上或导致新喷漆边缘不齐整。

这种情况可以通过使用边缘带硬塑料的车窗密封条遮蔽胶带，将硬塑料插入密封条下面（图3-60），再把胶带反向拉起粘贴在玻璃或饰条上，使车身与密封条之间形成一个缝隙，这样油漆就可以喷涂到密封条下面，喷涂完成撤走胶带时，密封条在其本身弹性作用下能够重新恢复原状，则喷涂的面漆边缘完全可以被密封条遮挡，不会有漏喷或者边缘不齐整的现象发生。

由于密封条遮蔽胶带较难转弯，使用时要用剪刀剪出10～15cm的长度，以一段一段顺着弧度贴合在密封条上确保遮蔽效果。用于圆角部位时，可根据弧度将胶带剪成更短的长度，一般为1～2cm。

图 3-59　车窗密封条遮蔽胶带

图 3-60　使用密封条遮蔽胶带

第六节　水性汽车修补漆相关设备及工具

1. 涂装维修用水性漆相关设备、工具(中级技能);
2. 涂装维修用水性漆施工方法(中级技能)。

能使用喷枪、吹风枪完成涂装维修用水性漆喷涂(中级技能)。

一、保温柜

水性汽车修补漆主要溶剂为去离子水,由于水会在温度低于5℃时开始结晶,这将导致水性漆中出现结晶颗粒而影响使用;而高温不利于涂料产品长期储存和使用,因此水性漆合适的储存温度为5~35℃。水性漆色母应存放在可控温的保温柜中,保温柜可以设置好一个温度,一旦温度低于该温度,就会自动升温。为了喷涂效率的需要,保温柜温度通常设定为20℃左右。

水性漆保温柜(图3-61)配备有一个加热器和温度控制器,可进行温度设定,在环境温度低于设定值时,保温柜会自动起动加热器,保证柜内温度在合理范围内。保温柜温度通常设定为20℃左右。到达设定的温度后,保温柜会自动停止加热。

图 3-61　水性漆保温柜

二、吹风筒

水性漆经过近30年的发展,产品性能已经有了非常大的提升,遮盖力提高、喷涂遍数减少的同时,干燥速度也比溶剂型色漆更快,通常已无须使用特别安装吹风装置的烤漆房,只要烤漆房风速在0.2~0.6m/s,使用水性漆专用吹风筒即可加快水性漆干燥(图3-62),提高工作效率。

如果不使用压缩空气吹干,由于水性漆中大部分溶剂为水,其自然挥发速度比溶剂要慢,因此闪干时间会相对较长。在正确喷涂水性漆及使用吹风筒吹干的情况下,水性底色漆喷涂时间(喷清漆之前的喷涂及闪干总时间)平均为 7min,而溶剂型底色漆的喷涂时间(喷清漆之前的喷涂及闪干总时间)约为 15min,由此可以看出使用水性漆能大幅提高工作效率,这也是水性漆的优点之一。

1. 水性漆吹风筒的类型

水性漆用吹风筒一般有两种形式,一种为支架式(图3-63),一种为便携式(图3-64)。在实际工作中,除可以手持吹风筒吹干工件外,在需要时也可以使用固定在支架

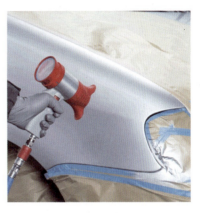

图 3-62　使用吹风筒吹干水性漆

上的支架式吹风筒,使用时只需将压缩空气管路与吹风筒连接好,将吹风筒固定在支架上并放置在工件附近即可。

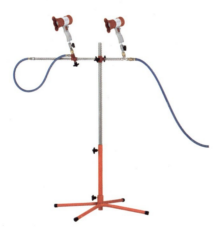

图 3-63　支架式吹风筒

图 3-64　便携式吹风筒

2. 水性漆吹风筒的特点

吹风筒空气喷口内设计有按照文丘里效应制成的大口径的文丘里管,文丘里效应是指在高速流动的气体附近会产生低压,从而产生吸附作用,故吹风筒并不只是吹出压缩空气供气,它能同时吸入大量周围的空气,使出风量达到供气量的 10 倍,质量较好的吹风筒,进风量为 200～400L/min,而出风量能够达到 3000～6000L/min,如图 3-65所示,扁扇形吹风嘴能让吹风面积更大,这样不仅节约能源,同时还保证了空气以适当的流速吹过涂膜表面,促使水分挥发,使水性漆能够快速干燥。

图 3-65　扁扇形吹风嘴吹风面积示意图

在使用吹风筒时应从工件表面侧上方沿 45°角吹被涂物表面,并使吹出空气的气流方向与烤漆房的空气气流方向尽可能相同。吹风筒与工件的

距离应控制在30cm左右。

3. 吹风筒清洁、维护要点

(1) 在操作前应检查滤网是否受到污染,如受到污染,可使用稀释剂和刷子进行清洁。但不要把吹风筒浸入稀释剂中。

(2) 维护或清洁工作前须断开吹干枪与压缩空气管路的连接,以免误开吹风筒开关,导致高速吹风吹起稀释剂产生伤害。

三、水性漆喷枪

水性汽车修补漆包括水性环氧底漆、水性中涂底漆、水性底色漆、水性清漆几大类产品,但由于汽车修补漆中,用量较大,含挥发性有机物(VOCs)比例最大的为底色漆,故在这几种水性漆产品中,目前最广泛使用的为水性底色漆,本节中也主要介绍喷涂水性底色漆所使用的喷枪的特点。

大多数人会认为水分对喷枪内部的金属会有一定的腐蚀作用,故水性漆喷枪枪体材料应该与溶剂型油漆的喷枪不同。事实上质量较好的喷枪,枪体通常采用铝合金并经过阳极氧化处理,枪针、喷嘴及涂料通道都是不锈钢材质,风帽则采用黄铜材质。只有一些高端型号喷枪的油漆通路涂有特殊涂层以更进一步加强抗腐蚀性,确保喷枪的使用寿命,故水性漆喷枪枪体材料和溶剂型油漆喷枪并无不同。由于水性底色漆的遮盖性能往往优于溶剂型油漆,故水性底色漆喷枪能根据需要提供更好更精细的雾化效果、更宽的喷幅扇面,以保证水性漆良好的遮蔽性能并降低水性漆用量和成本,故水性底色漆喷枪的喷嘴口径一般为1.2~1.3mm,空气帽的雾化效果更好一些。如本章涂装设备第一节中所介绍的,由于HVLP喷枪涂料传递效率高达65%以上,涂料浪费少,节约成本,减少污染,有利于工作环境和涂装技师的身体健康,同时可提高生产效率,故喷涂水性底色漆推荐使用HVLP类型的水性漆喷枪。喷涂水性漆时应尽可能使用带气压表的专用喷枪,以确保喷涂比色板与喷涂工件的气压一致,保证最终修补结果一致。

使用后应确保喷枪清洁并使用清洁干燥的压缩空气吹干,这个对于保存用溶剂清洗过的喷枪很重要。

在使用HVLP喷枪时,建议采用内径10mm、长度不超过10m的橡胶软管,以免因内径不足造成压缩空气输出压力不稳定,以及输出气量不足造成喷涂效果不良。

此外,为了精确控制喷涂效果及颜色,确保喷涂比色板与喷涂工件的喷涂条件一致,建议使用带气压表的水性漆喷枪(图3-66)。

可以在枪尾处加装枪尾压力表,也可以使用带有内置数字压力表的喷枪(图3-67),以在每次喷涂前能准确调整气压、扇面和除油量,确保喷涂质量。

四、油水分离器

喷涂水性漆时,压缩空气的洁净程度更为重要,因为压缩空气内的轻微的油雾或水分都会令水性漆涂膜产生缺陷,导致费时返工和浪费成本。故应在烤漆房的喷漆橡胶软管之前安装高质量的两节油水分离器或三节油水分离器,以达到水性漆喷涂所需的空气质量要求。

图 3-66 外接数字气压表水性漆喷枪　　图 3-67 内置数字气压表水性漆喷枪

五、清洗水性漆喷枪的洗枪机及清洗产品

1. 水性洗枪机

由于水性漆的废弃物与溶剂型油漆的废弃物处理方式不同,为减少对环境的污染,水性漆的废弃物必须与溶剂型分开存放及处理。因此,在涂装作业最后的洗枪环节,如果采用洗枪机清洗喷枪,需使用专用于清洗水性漆喷枪的洗枪机来清洁水性漆喷枪并回收处理水性漆废弃物。每台喷枪清洗机都可以专用于清洗水性漆喷枪或溶剂型涂料喷枪,只需要使用不同的清洗液(清洁剂)即可。

2. 水性漆喷枪清洗剂

在清洗水性漆喷枪时,水性洗枪机需配合使用专用水性漆喷枪清洗剂和水性漆助絮凝剂。水性漆喷枪清洗剂是一种专门为水性漆设计的洗枪液,能有效清洁喷枪而且不会造成枪身腐蚀,确保水性漆喷枪的使用寿命。

3. 水性漆助絮凝剂

水性漆助絮凝剂是一种粉末状的絮凝剂,可以简单高效地处理清洁使用后的水性漆喷枪清洗剂,在其中加入水性漆助絮凝剂后,污物可被凝结、沉淀,经过过滤网过滤或沉淀后直接使用其上层的清洁部分,这样就可以使水性漆喷枪清洗剂循环使用10次左右,降低成本。

水性漆助絮凝剂使用方法如下:

(1)加入 100g 水性漆助絮凝剂于废液中,并持续搅拌 5min。

(2)静待废渣沉淀。

(3)检查上层液体是否澄清。

(4)在回收容器进口上放置过滤网,打开洗枪机水槽底部阀门,将被过滤过的水性漆喷枪清洗液收集在容器中,重新加入水性洗枪机重复循环使用。

(5)水性漆废渣及多次使用后的水性漆喷枪清洗剂需与溶剂型涂料废弃物分开存放,按照国家环保法规要求,交由专门的废弃物处理公司处理。即使是经过过滤和澄清的水性漆喷枪清洗液,只有在经过资质机构鉴定是达到安全标准的,才能排入市政污水管网。

六、烤漆房

水性漆经过 20 多年的发展,其产品性能已经有了非常大的提升,在提高遮盖力,减少喷涂次数的同时,其干燥速度也比溶剂型油漆更快,通常已无须使用特别安装吹风装置的烤漆房(图3-68),只要烤漆房风速在0.2~0.6m/s,结合使用水性漆专用吹风筒即可加快水性漆干燥,提高工作效率。而在烤漆房顶端或侧壁额外安装固定式吹风器,反而会因为容易积灰等原因导致尘点过多,降低喷涂质量和喷涂效率。

七、免洗枪壶

水性底色漆的保质期往往超过油性底色漆,有些品牌的水性漆稀释后保质期长达3~6个月,有些品牌水性漆具有微胶抗沉淀技术,使得其色母不易沉淀,这也可以确保剩余的水性漆可以存放更久而仍能有效使用。这使得在实际维修作业中采用免洗枪壶喷涂水性漆更加方便实用(图3-69)。

免洗枪壶可以减少洗枪工作量,节约洗枪用溶剂,有利于保护环境和提高效率。使用完毕,卸下免洗枪壶,可使用喷壶喷水性喷枪清洗剂或水性清洁剂冲洗水性漆喷枪油漆通道,同时扣动扳机进行快速洗枪,简单、快捷且环保。

免洗枪壶可存放在保温柜内,枪壶里剩余的油漆仍可供下次使用,这样可以最大程度节约油漆成本,保证色漆不会浪费。

图3-68 加装水性漆吹风装置

图3-69 使用免洗枪壶喷涂面漆

因为水性漆中所含的水分会使金属容器生锈,故调配和存储水性色漆时必须使用塑料容器,不能使用金属容器。免洗枪壶是塑料材质,完全能保证调配水性漆和存储水性漆的需要。即喷漆前调配和喷漆后储存只使用一个枪壶就可以满足,非常方便、高效。

第七节 红外线烤灯

知识要求

涂装维修用红外线烤灯的使用及维护(初级技能)。

技能要求

1. 能使用红外线烤灯完成涂装维修中所需烘烤(初级技能);
2. 能维护红外线烤灯(初级技能)。

第三章 涂装维修用设备、工具知识

由于红外线烤灯能够通过辐射红外线电磁波快速升温进行加热、烤干,且使用方便,故在汽车涂装维修过程中,常使用移动式红外线烤灯加速干燥原子灰、底漆和面漆。由于短波(即近红外线)红外线烤灯电能辐射转换效率高达96%以上,而长波(即远红外线)红外线烤灯通常为60%~75%,且短波红外线烤灯升温更快,故汽车涂装维修行业较常使用的为移动式短波红外线烤灯,如图3-70所示。

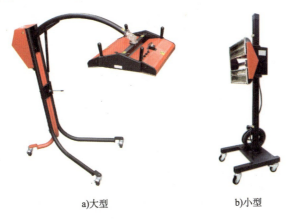

a)大型　　　　　　　b)小型

图3-70　短波移动式红外线烤灯

图3-70a)所示大型短波红外线烤灯灯头高度最大可以升至1852mm,可以烘烤车顶,最低可降至168mm,以烘烤车门、保险杠下面位置。有2个灯头,可根据烘烤面积需要选择开1个灯头还是2个灯头。图3-70b)所示小型短波红外线烤灯则主要用于小面积维修时烘烤原子灰、底漆等,移动方便。

红外线烤灯各功能部件如图3-71所示。

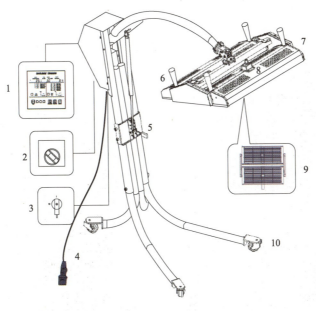

图3-71　红外线烤灯各功能部件

1-控制面板;2-单/双灯头开关;3-电源总开关;4-电源线及插头;5-升降杆;6-调节手柄;7-灯头;8-温控探头和激光定位探头;9-灯管;10-脚轮

红外线烤灯控制面板如图 3-72 所示。

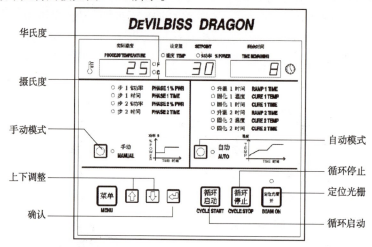

图 3-72　红外线烤灯控制面板

1. 移动式短波红外线烤灯的使用方法

（1）连接电源。

（2）设置合适的烘烤距离。红外线烤灯使用时应保持灯头与被烤工件表面平行，灯头与被烤物面距离一般在 60~80cm。有些红外线烤灯的烘烤距离可以近达 25cm，具体需参照产品使用说明书。距离过近可能使工件升温过快过高导致溶剂泡或针孔，但距离过远则会降低烘干速度，导致辐射能源浪费。

（3）打开电源开关，如图 3-73 所示。

使用中不能触碰灯头，也绝对不能用手或金属物体通过灯头表面格栅去接触红外线烤灯灯管，以免触电。

（4）选择烘烤模式。根据待烤涂料类型按上下调节键选择烘烤模式，如图 3-74 所示。

图 3-73　打开红外线烤灯

图 3-74　根据待烤涂料类型按上下调节键选择烘烤模式

红外线烤灯一般会提供原子灰、底漆、面漆、清漆及塑料件等多种类型的产品烘烤模式供选择,先选择自己需要烘烤的产品类型,再选择系统中设置好的产品型号,就能按照系统中设置的烘烤时间和温度自动完成烘烤,方便快捷。如图3-75所示。

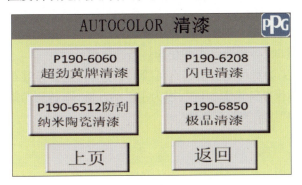

图3-75 选择系统中设置好的产品型号

如有需要也可选择"自定义参数设定"或"自由程序"自行设定烘烤时间和温度。如图3-76所示。

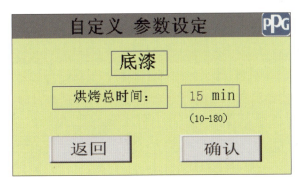

图3-76 自定义烘烤参数设定

(5)检测距离是否正确。有些红外线烤灯配备了激光感应测距功能,能检测烘烤距离是否合适,如图3-77所示。

按下"定位光栅"键,调整烤灯灯面位置,使激光红点位于待烤工件正中间,烤灯会自动感应烘烤距离,屏幕上会显示"正确""太远"或"太近",可根据提示调节烘烤距离,直至屏幕显示"正确"为止。

(6)开始烘烤。再次点按电源按钮,烤灯灯管亮起,为了控制工件升温速度,防止因升温过快造成的涂膜缺陷,红外线烤灯一般都具备两种烘烤模式,一种是半功率烘烤模式,一种是全功率烘烤模式,或采用双段式升温烘烤模式。红外线烤灯预设的烘烤模式也同样包含这两种烘烤模式,烤灯会先进行一段设定时间(通常为3min左右)的脉冲烘

图3-77 检测距离

烤,此时灯管以闪亮状态进行半功率烘烤,温度一般设定为45~50℃。脉冲烘烤时间结束

后,烤灯会自动进入全功率常规烘烤模式,此时烤灯将按照设置时间让工件始终保持设置的烘烤温度直至完成烘烤。有些红外线烤灯具备温控探头,工件温度处于烘烤温度时,烤灯也会自动调整为半功率烘烤,温度低于烘烤温度时,再恢复至全功率烘烤,以节约能源并防止烘烤温度过高导致溶剂泡、针孔。

2. 红外线烤灯的维护要点

(1)更换、安装灯管时,必须确保红外线烤灯断开电源。

(2)石英管上的污染物有可能会引起石英管局部过热,这会导致石英管损坏乃至爆裂。清理灯管时首先需要确保断开电源,其次,因为手上的汗液、脂肪会污染石英管,故应佩戴乳胶手套,用干净的软布和酒精擦除污染物。

第四章 汽车车身金属工件涂装修复

第一节 损伤修复整平

知识要求

1. 双动作打磨机、干磨手刨、打磨辅料的选择与使用方法(初级技能);
2. 去除旧漆、打磨羽状边的方法(初级技能);
3. 吸尘设备选择与使用方法(初级技能);
4. 清洁剂、除油剂与遮蔽材料的选择与使用方法(初级技能);
5. 贴护方法(初级技能);
6. 原子灰知识(初级技能);
7. 环氧底漆调配与施涂方法(初级技能);
8. 平面、外弧面的原子灰刮涂方法(初级技能);
9. 复杂表面刮涂原子灰的方法(中级技能);
10. 干磨原子灰的方法(初级技能);
11. 打磨复杂表面原子灰的方法(中级技能)。

技能要求

1. 能使用双动作打磨机、干磨手刨及干磨砂纸等打磨辅料去除旧涂膜和打磨羽状边(初级技能);
2. 能使用清洁剂、除油剂清洁工件表面(初级技能);
3. 能调配并施涂环氧底漆(初级技能);
4. 能完成平面、外弧面的原子灰刮涂(初级技能);
5. 能使用双动作打磨机、干磨手刨及干磨砂纸等打磨辅料干磨原子灰(初级技能);
6. 能使用遮蔽材料完成喷涂前遮蔽(初级技能)。

一、汽车车身底材种类及不同的前处理方法

不同材料需要采用不同的涂装工艺,在汽车涂装维修前,清楚了解其部件底材及特性,从而采用正确的涂装表面前处理工艺及产品非常重要,否则就可能造成涂膜脱落等质量缺陷。

目前汽车乘用车车身主要是采用双面镀锌钢板,随着现代汽车工业的发展,出于减轻车

身质量的需要,其他材料也越来越多地被使用,如铝合金、碳素纤维等,一些车型的翼子板、发动机罩也开始使用塑料部件。

镀锌钢板是在钢板表面镀了一层锌,这层镀锌层在钢板上形成了一道隔离层,当与空气接触时,锌氧化形成一层氧化锌,钢板却不会被氧化,这种现象称为阳极保护。镀锌钢板比普通钢板的寿命达到几倍甚至十几倍,就是这个原因,这就大大提高了汽车车身的耐腐蚀性,故镀锌钢板在车身上的使用率最为普遍。但要注意涂装时要参照产品说明书选择能够在镀锌钢板上施涂的底漆、原子灰,否则可能出现附着力不良。一般来说,环氧底漆、侵蚀底漆、钣金原子灰(万能原子灰)都能够保证在镀锌钢板上良好的附着力。

铝比锌活动性更强,纯铝的机械强度较低,汽车部件采用的都是加入少量其他金属元素(如镁、铜、锌等金属)制成的铝合金,铝合金机械强度大为提高,且密度大约相当于钢材的1/3,能满足汽车车身轻量化的要求,使车辆更节省燃油,操控性更好且相对更为安全。但由于成本较高,所以许多车身采用铝合金底材代替钢材作部分面积较大的车身覆盖件以减轻质量,例如奥迪 A6、标致 307 和欧宝维特 C 的发动机罩是采用铝合金,雷诺 Lagunaii 的发动机罩、车顶和车门板都使用铝合金,部分豪华车全部车身都采用全铝合金,例如奥迪 A2、A8、捷豹 XJ。

当铝金属暴露在空气中时,会直接与空气中的氧发生反应形成一层薄的致密的氧化铝薄膜,厚度约为 0.1μm,阻隔了进一步的氧化,使铝有好的被动防护性,同时这层氧化铝也会降低原子灰及涂料的附着力。故铝合金底材涂装时也要参照产品说明书选择能够在铝合金板材上施涂的底漆、原子灰,否则也可能出现附着力不良。一般来说,铝合金底材上施涂环氧底漆、侵蚀底漆、钣金原子灰(万能原子灰)都能够保证在铝合金底材上良好的附着力,由于侵蚀底漆为酸性,能溶解表面的氧化铝薄膜,故铝合金表面使用侵蚀底漆较环氧底漆附着力更好。

打磨去除表面的氧化铝之后,铝合金较镀锌钢板颜色更浅更亮一些,准确判断和区别这两种底材的一个简单方法就是使用吸铁石。

由于氧化铝的熔点高达 2050℃,在焊接操作时如果不去除这层氧化物,焊缝会存在气孔和杂质等缺陷,故焊接前需要打磨去除这层氧化物,打磨过程中产生的铝粉,当浓度达到一定程度时遇到明火或火花容易导致爆炸,所以打磨铝合金底材应在专门的打磨工位使用专用的干磨设备。但这个打磨作业通常在车身修复工位完成,涂装车间打磨工位通常只是轻微打磨金属表面,以打磨羽状边,保证施涂环氧底漆、原子灰附着力,产生的铝粉很少。

二、损伤处理及整平

通常来说,对于损伤深度低于 2mm 的凹陷,可以由汽车车身涂装修复工用原子灰填充、打磨整平,如果所使用的原子灰属于能刮涂较深凹陷的钣金原子灰(行业内有多种称呼,例如多用途原子灰、万能原子灰、合金原子灰),可刮涂厚度可达到 3~6mm,具体需参照产品说明书中的说明。对于超过所使用原子灰刮涂厚度的损伤凹陷,就需要由汽车车身整形修复工整形修复至深度达到所使用原子灰能填充的范围以内。

1. 损伤处理标准的操作步骤及操作要点

(1)佩戴防护用品。操作全程中应穿着工作服、安全工作鞋、安全眼镜,清洁除油时应佩戴活性炭防护口罩、防溶剂手套,打磨时应佩戴防尘口罩、棉纱手套。

(2)清洁除油,去除表面的油脂、污染物,以免沾染到砂纸上,影响打磨,并造成喷涂时出现鱼眼等缺陷;使用两块专用清洁布清洁,先用一块清洁布沾湿清洁剂,擦湿工件表面,然后用另一块干清洁布擦干。

还有一种高效率的做法,是使用耐溶剂的塑料喷壶将清洁剂喷涂到工件表面,然后用一块干清洁布擦干。

对相邻工件等相邻区域也进行清洁,以便于下一步打磨前贴护胶带,保护相邻工件不要被误打磨。

不正确的除油清洁方法有:

①表面擦湿程度不够,无法将表面油脂溶解,导致喷涂时擦拭痕迹位置出现鱼眼。表面擦湿程度不够的原因往往是湿布沾清洁剂不足,或擦拭速度太快。

②一次擦拭面积过大,清洁剂自行挥发,使被清洁剂溶解的污染物重新回到工件表面。

③擦干时不够仔细,遗漏一些区域没有擦到,这些区域的清洁剂自行挥发。

(3)为了防止相邻部位被误打磨导致不必要的损伤,带来不必要的修复工作,使用遮蔽胶带对与待打磨工件相邻的工件(如车灯、车窗胶条、装饰件、防撞条等)非修理部位进行贴护。

(4)检查确定车身损伤的面积和程度,确定损伤范围,这对于下一步骤操作很重要,判断不准会导致除漆范围过大或者不足,导致刮涂原子灰的范围、厚度不准确,会使最终打磨出的原子灰不平整,有凹坑未填起,或者表面起伏不平。

可以用目测、触摸、直尺三种方法综合判断损伤区域范围及深度。

①目测法是指利用光线从侧面观察判断变形范围。

②触摸法是指用手轻贴于工件表面,慢速沿掌根到指尖的方向慢速移动,利用手掌、手指感觉工件表面对手的压力的变化来感知变形范围。触摸法是涂装维修技术人员的核心重要技能之一,在判断损伤范围和在判断原子灰平整度时,都是最为重要的方法。

③直尺法是指将直尺垂直贴在损伤区域,从侧面观察直尺边缘与工件表面的缝隙间距,来确定损伤的范围和深度。

如果变形区域内有高点,或深度过深,则需要汽车车身整形修复工重新钣金整形至合格。

(5)除漆,打磨羽状边。由于损伤区域的旧漆结构已经受损,内部可能有开裂、脱落等问题,所以要打磨去除损伤范围内所有旧漆,并将损伤区域边缘打磨出羽状边。这样才能保证:

①刮涂原子灰的基础牢固。

②原子灰中的溶剂不会溶解残留旧漆导致起皱和下陷,将来导致修补后的涂层出现起皱、开裂、失光。

(6)合格的羽状边坡度要平缓,用手指检查,没有台阶,即旧漆的缓展程度达到最大,保证原子灰和旧漆面的最佳附着力。一般来说,每层涂膜打磨羽状边时磨出的宽度约在5mm,合格的羽状边如图4-1所示。

打磨羽状边使用的工具为单动作打磨机或偏心距6~12mm的双动作打磨机配合P80

干磨砂纸。单动作打磨机的特点是转动方式只是单向旋转,切削力强,所以主要用于钣金修复及涂装修复刮涂原子灰之前等需要除漆的阶段。使用时打磨机要和工件表面保持15°~30°的角度。双动作打磨机的运转方式则是旋转加上偏心运动两种方式,偏心幅度有大有小,偏心距越大,切削力越强,越适合于粗磨,偏心距越小,切削力越小,越适合于细磨。

 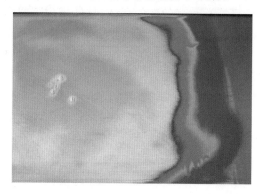

图 4-1　合格的羽状边

损伤区域较小时,可以使用偏心距 6mm 的双动作打磨机配合 P120 干磨砂纸打磨除漆。为了保护打磨机托盘,要在打磨机托盘上安装打磨保护垫。安装打磨保护垫如图 4-2 所示。

对于未造成金属变形,且深度在 120μm(不同中涂底漆按照喷灰做法能喷涂的最大膜厚不同,需要根据产品说明书确定)以下的划痕,可以使用偏心距为 4~6mm 的双动作打磨机配合 P240~P320 干磨砂纸将划痕磨除,打磨出的羽状边可看出漆层一般在 4~5 层,根据填充需要喷涂添加稀释剂较少的中涂底漆喷灰即可填充,不必刮涂原子灰。打磨出的羽状边漆层在 3 层之内,喷涂正常的中涂底漆即可填充。

对于钣金焊点,要打磨去除氧化层,以免氧化层影响原子灰附着力;还需要将孔洞打磨至平滑,否则孔洞则会造成原子灰不能有效填充,造成将来原子灰下陷,出现原子灰印、失光等缺陷。

2. 原子灰整平的标准操作步骤及操作要点

(1)刮涂原子灰。此环节防护用品应佩戴安全眼镜、活性炭防护口罩、防溶剂手套。

(2)清洁、除油。为了防止表面有油脂、污染物、汗渍等造成原子灰附着力不良及生锈等缺陷,对将要刮涂原子灰的区域清洁、除油。

(3)选择适合于工件底材的原子灰,根据产品说明书,如果所使用的原子灰不能直接刮涂在镀锌钢板或者铝合金、碳素纤维等车身底材上,则需要在刮涂原子灰之前施涂双组分环氧底漆,以确保附着力及防锈性。

环氧底漆可以用刷子刷涂或用除油布沾上环氧底漆后抹涂,如图 4-3 所示。

车辆钣金后如果金属直接暴露时间过长,金属会生锈,所以汽车车身整形修复工应在完成钣金后尽快施涂环氧底漆。在环氧底漆已干燥的情况下,涂装修复工可直接刮涂原子灰。

刷涂或者抹涂环氧底漆比较简单快捷,但一定要确保施涂的双组分环氧底漆已经干燥才可刮涂原子灰,为了提高工作效率可以采用短波红外线烤灯烤干环氧底漆。使用红外线烤灯烘烤的具体时间,需遵照具体产品说明书要求。对于快干型的异氰酸酯固化环氧底漆,烘烤 3min 左右即可刮涂原子灰,对于非快干型环氧底漆,需烘烤 10min 左右再刮涂原子灰。

环氧底漆烘烤时间还取决于施涂环氧底漆的厚度,如果厚度较厚,所需干燥的时间也较长。

图 4-2 打磨保护垫

图 4-3 施涂环氧底漆

(4)对于新开罐的或者长时间不用的原子灰,先将罐内的原子灰搅拌调和均匀,以保证整罐原子灰都能以正常黏度使用,固化剂要打开固化剂管盖,将空气挤出,然后拧上管盖,在管外揉搓使固化剂混合均匀。

根据气温及产品说明书添加固化剂,通常是原子灰质量的1%~3%,用刮刀刮抹调配均匀到颜色一致,如果没有混合均匀就刮涂,会导致附着力差、起泡、剥落等缺陷。

我们无法每次都用电子秤称量原子灰及固化剂以确保比例准确,所以我们可以做两块比例正确的原子灰标准板来让涂装技师参考,一块添加1%的固化剂,另外一块添加3%的固化剂,两块标准板的颜色不同,这样一旦涂装技师调配原子灰时固化剂添加过多或者过少就能很容易对比发现,如图4-4所示。

(5)根据工件表面受损部位形状,选择钢板、硬塑料、橡胶、胶木板等不同材质的刮板刮涂原子灰。对面积较大的凹坑可选用较宽的硬刮板,以减少刮涂次数,使原子灰表面更为平整。弧度较大部位可使用橡皮刮刀或塑料刮刀。

为了保证质量,原子灰不能一次刮涂太厚,可分几次刮涂,第一次刮涂时尤其要注意,为了防止受损部位中间的凹陷部分比较深,导致原子灰刮涂较厚从而内部比较疏松,砂眼较多,要先在中间凹陷部位最深处薄刮,以填平缺陷,待其凝固,不会再因继续刮涂而变形时,继续再在上面薄刮1~2层,直至表面填平,最后将表面修整平滑。

刮涂原子灰的难度与工件表面形状及凹陷深度有关,涂装修复初学者要从易到难练习以提高技术,首先从平面、外弧面的原子灰刮涂开始练习,练习方法是使用不加固化剂的原子灰在不做损伤凹陷的平面、弧度接近于平面

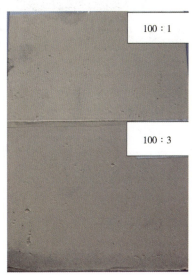

图 4-4 原子灰不同比例对比板

的车门外弧面刮涂练习,以掌握刮涂原子灰的方法要领,首先是能通过刮刀角度的变化控制刮涂厚度,其次是能够修除原子灰边缘台阶,以避免原子灰边缘过厚难以打磨,再次是能够在刮涂原子灰的同时修饰好表面,使表面光滑、不过于粗糙,以利于打磨并降低原子灰的用量及使用成本。

当不做损伤凹陷的平面、外弧面原子灰刮涂熟练,刮涂质量达标后,即可在车门皮上做一个深度1mm左右的损伤凹陷,继续练习原子灰刮涂,掌握之后,可以循序渐进加大损伤深度到2mm、3mm,熟练掌握后,可以加多损伤点,从2个增加到3~5个损伤点来练习,练习的第一步目标是达到涂装修复初级工要求,刮涂的原子灰一方面要能填充起凹陷,另外一方面最后要用刮刀修除周边台阶,表面也能修饰得比较平整光滑。

掌握以上技能后,第二步目标是练习和掌握涂装修复中级工应具备的技能,即能够完成内弧面、双弧面线条等复杂表面的原子灰刮涂,由于这类工件,例如车门的下面部位及翼子板的前端部位,发动机罩上的某些部位,同时具备两个甚至以上的弧度,刮涂及打磨难度都有所增加。

对于练习者来说,仍然还是应采用先不做损伤凹陷,使用不加固化剂的原子灰刮涂练习,掌握刮涂这种复杂弧度表面的方法后,在其上做一个深度1mm左右的损伤凹陷继续练习,同样循序渐进加大损伤深度到2mm、3mm,继续掌握后可以加多损伤点,从2个增加到5个损伤点来练习。

图4-5 复杂平面上的原子灰施涂

涂装修复中级工还应掌握车身线条的修复刮涂方法。方法是使用纸胶带,先贴护线条下面部位,在线条损伤区域上面刮涂原子灰,刮好后撕除胶带,待原子灰干燥后,贴护线条上面部位,在下面区域刮涂原子灰,干燥后分别打磨线条上面区域和线条下面区域,以磨出和原表面同样的线条,如图4-5所示。

练习时,要先练习损伤较小、深度低于1mm、损伤变形3cm以内的凹陷损伤原子灰刮涂,掌握了刮涂方法,刮涂出的原子灰有效塑造出线条形状后,再逐步循序渐进每次增加损伤变形范围2~3cm继续练习。

3. 打磨原子灰

原子灰彻底干燥后即可打磨。通常我们可以用指甲划原子灰表面来判断原子灰表面是否已经完全干燥:如果划痕为白色,不发软发黏,则已经完全干燥。

一般来说,原子灰在20℃情况下30min即可完全干燥,气温不同,相对湿度不同,刮涂厚度不同,干燥速度也会不同,相对湿度高、温度低时,干燥时间会适当延长,我们可以用短波红外线灯烘烤原子灰来缩短干燥时间,烘烤温度需参照涂料厂商产品说明,有些原子灰产品烘烤温度不能超过60℃。一般烘烤3~5min,冷却后即已经完全干燥,可以打磨。

因为原子灰有一定吸水性,水磨会导致涂膜起泡、剥落、金属底材锈蚀等缺陷,故打磨原子灰时不应采用水磨。同时由于干磨效率远高于水磨,大约相当于水磨效率的2倍,是目前全球汽车涂装维修普遍采用的高效工艺,故原子灰应100%全程干磨。

打磨原子灰环节,防护用品应佩戴安全眼镜、防尘口罩、棉纱手套,如图4-6所示。

打磨原子灰的操作要点有:

(1)水磨原子灰虽然会导致质量问题,效率也低,但是由于原子灰本身没有亮度,如果采用水磨,水会随时冲掉所有研磨下来的粉末,且使表面有一定亮度,比较容易判断原子灰平

第四章 汽车车身金属工件涂装修复

整度和表面瑕疵。

由于干磨时表面上会有少量残留粉尘,加上表面没有亮度,表面的不平整、砂眼、砂纸痕等瑕疵都不容易看出,所以涂装技师从水磨转为干磨时,在打磨原子灰前应在原子灰上施涂炭粉,来帮助打磨人员判断表面状况,这样就可以掌握好干磨。

炭粉又称打磨指示层,颜色为黑色,打磨前只需要在表面薄薄涂抹一层,在打磨时,由于较低部位及存在砂眼、砂纸痕的部位会因为留有炭粉而呈现为黑色,这样就可以方便判断平整度及缺陷。图4-7所示为施涂炭粉指示层后的打磨效果。

另外,当判断到原子灰某个位置较高时,为了有效主要打磨这个较高部位,少打磨其他部位,也可以施涂炭粉,将较高部位有针对性地先磨除,有了炭粉的帮助,这些部位就会先磨掉炭粉,露出原子灰本身颜色,而较低部位只是过渡、顺带打磨,磨除很少原子灰以确保整体平顺,这些部位的炭粉就会比较晚且比较少地磨除。

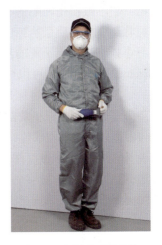

图4-6 原子灰打磨的防护

炭粉在这里起到了一个帮助打磨人员有意识、有针对性地打磨较高部位的作用。要注意的是,不能只是小面积磨除高部位,其他部位不做顺带打磨,因为这种局部打磨方式有可能造成特地去打磨的部位低于周边,使表面形成一个一个小波浪般的凹凸不平。

(2)由于原子灰本身没有亮度,但轻微的瑕疵和凹凸不平在喷涂面漆后都会非常明显,所以在打磨原子灰时,有效判断原子灰是否平整的能力非常重要,一个最为有效的判断方式是用手触摸,这个能力需要长时间的练习和经验积累。

如果用手触摸判断原子灰是否平整的能力比较好,则可以边打磨边感知哪个位置不平整,从而有效指导打磨。如果用手触摸判断原子灰是否平整的能力比较差,则无法准确感知原子灰平整度,无法有效指导自己要从哪个方向打磨,要打磨哪个位置,那就无法打磨平整原子灰。所以,手的触感在打磨原子灰时好比是起到一个提供导航的作用,导航失灵,就无法到达目的地。

另外,当使用P120和P180砂纸打磨原子灰时,在原子灰边缘的刮涂台阶将打磨到接近平顺时,原子灰边缘会出现羽状,这是判断原子灰边缘和原有平面形成平顺过渡衔接的最明显依据,所以,手眼并用,一边打磨,一边用手不断触摸感知原子灰表面平整度,一边随时用眼镜观察原子灰边缘是否逐步出现羽状,是打磨平整原子灰的要领。

图4-7 施涂炭粉指示层后的打磨效果

(3)涂装修复初级工在损伤面整平方面的技能要求是能够完成完成平面、外弧面损伤的原子灰打磨整平。初学者要先从平面、外弧面的原子灰打磨开始练习,练习方法是先在不做损伤凹陷的平面、弧度接近于平面的车门外弧面刮涂原子灰,掌握高于工件表面原子灰的打磨方法,避免初学者由于刮涂原子灰时未能有效填充凹陷,从而影响原子灰打磨过程中的判断及经验积累。

当不做损伤凹陷的平面、外弧面原子灰打磨熟练，能够手眼并用，打磨出表面平整、边缘羽状边合格的质量达标的原子灰后，即可在车门皮上做一个深度1mm左右的损伤凹陷，练习小损伤部位原子灰的刮涂及打磨，掌握熟练，质量达标后，可以循序渐进加大损伤深度到2mm、3mm，掌握后可以增加损伤点，从2个增加到5个损伤点来练习。

练习的第二步目标是掌握涂装修复中级工应具备的技能，即能够完成内弧面、双弧面线条等复杂表面的原子灰刮涂及打磨，对于同时具备2个及以上弧度的工件，例如车门的下面部位及翼子板的前端部位，发动机罩上的某些部位，刮涂及打磨难度都有所增加，对于练习者来说，仍然可以先不做损伤凹陷，以从最简单的状况开始练习及掌握打磨复杂表面原子灰的方法，然后在工件上做一个深度1mm左右的损伤凹陷继续练习，同样遵循循序渐进的思路，逐步加大损伤深度到2mm、3mm，继续掌握后可以加多损伤点，从2个增加到5个损伤点来练习。

涂装修复中级工还应掌握车身线条的修复打磨方法。先按照第2步的方法使用纸胶带，通过贴护刮涂原子灰以刮涂出线条形状，干燥后分别打磨线条上面区域和线条下面区域，同时分别用手去触摸检查线条上、下2块原子灰，判断2块原子灰的平整度，及触摸感知线条的平整度，以磨出和原表面同样形状的线条。练习时，要先练习损伤较小、深度低于1mm、损伤变形3cm以内的凹陷损伤原子灰刮涂、打磨，掌握之后，再逐步循序渐进每次增加损伤变形范围2~3cm继续练习。

行业内有一种用于检查原子灰平整度的自喷罐包装单组分清漆，用以判断原子灰平整度、线条平整度及笔直程度。这种清漆是单组分清漆，只用于过程检查，几分钟后就会挥发掉。使用方法很简单，清洁原子灰表面后，喷涂这种清漆，借助清漆亮度判断表面是否平整。由于这种产品会完全挥发，所以行业内很多涂装技师，用除油剂代替清漆来做检查，方法是用喷壶把除油剂喷在原子灰上，使其表面有一定亮度来检查，也有涂装技师是用水淋在原子灰表面，借助形成的亮度来检查。但是由于原子灰对除油剂、水都会有一定吸收能力，一旦没有完全挥发，在涂装工作完成后，就有可能造成起泡等缺陷，所以这两种方法有一定风险。

（4）打磨原子灰要从P80干磨砂纸开始依次更换细砂纸打磨，砂纸更换的幅度，每次不应超过2个等级，也相当于不超过100号，具体要求需要参考不同品牌砂纸的使用要求。

打磨原子灰有双动作打磨机和手刨两种工具可供选择，由于车身表面有一定弧度，即使相对较为简单的外弧面，对于初学者来说，也比较难以掌握和控制形状，故初学者应先使用手刨打磨原子灰，后面细磨时再使用打磨机。随着对打磨机的熟练掌握，使用打磨机的比例就可以逐步提高，打磨效率也会逐步提高。

手刨有多种大小不同的型号可供选择，应根据原子灰面积及工件形状，选用恰当的吸尘手刨，大面积原子灰可选用长的吸尘手刨，对于棱角或较窄小的部位则应选用小的手刨，如图4-8所示。

（5）要从车身表面弧度方向、水平方向、垂直方向、对角方向等多个方向交叉打磨，才能确保原子灰从各个方向上趋于平整，但各个方向的打磨次数并非一样多，车身表面弧度方向要打磨次数较多一些，即多顺着车身表面弧度的来回两个方向打磨，其次多采用和车身表面弧度方向成30°~45°左右角度的来回四个方向打磨，车身弧度方向成垂直方向的来回两个方向则应最少采用，以保证磨出和车身表面相同的弧度。对于较小范围的损伤，也可以以画圆圈的方式打磨，以避免打磨面积过大。

打磨的时候,随时用手检查平整度,一边判断一边打磨,对于相对较高的部位或者未出现羽状的原子灰边缘,应作为起点打磨,这样打磨去除的量会大于其他位置。不要对较高部位分别小面积打磨,也不要局部过于用力打磨,以避免打磨不均匀造成凹凸不平,造成局部打磨过低,或者造成波浪起伏,这样才能保证原子灰在总体各个部位各个方向上的平整度。

图4-8 手刨

打磨过程中何时更换较细砂纸非常重要,就如同炒菜时判断何时添加何种佐料,这种对于火候掌握的经验需要较长时间才能积累。如果更换砂纸过早,则使用较细砂纸进行剩余打磨工作效率低且加大磨平难度;如果更换砂纸过晚,则会造成粗砂纸打磨过多,磨除原子灰过多,造成原子灰过低或接口不平顺。

磨平原子灰时,P120及P180砂纸最为重要,P120应将原子灰打磨到形状正确,高于车身表面但是表面没有高低不平,边缘将要开始出现羽状,所以要一边打磨一边手检查平整度及观察原子灰边缘。达到以上标准时由P120更换为P180砂纸打磨,当原子灰边缘随着打磨出现羽状,且中间形状正确,平整度较好而只是略高时,就可以由P180更换为更细一级的P240砂纸。有很多初学者在使用P180砂纸打磨时表面比较平整,但是换用P240砂纸过早,这样就会因砂纸较细切削力较小,打磨者就会不自觉地用力打磨,导致用力不均匀、打磨不均匀,反倒越磨越不平整,所以何时更换细砂纸非常重要,而且砂纸细的打磨效率也比较低,也会浪费打磨时间。

如果用P180砂纸打磨时,已经打磨过度导致边缘羽状消失,边缘不平顺,或者中间有凹陷,那还要不要继续换用P240打磨?答案当然是不应该继续,继续打磨也不可能磨平,这时就应该再次刮涂原子灰。由粗到细换用砂纸打磨原子灰需要一定的经验和规划能力,目标是最终使用P320打磨原子灰后,仍然需要确保原子灰边缘为羽状,且中间平整。否则即使砂纸过渡到了P320,虽然中涂底漆能够有效填充P320砂纸痕,但是却无法填充原子灰边缘的不平顺和中间的凹陷,这样喷完面漆后从侧面就能够看出波浪起伏、凹凸不平。

在用手刨配合P240砂纸将原子灰打磨到符合工件板面的弧度和形状后,下一步的操作主要是使用P320干磨砂纸消除P240砂纸痕,为了提高打磨效率,可以由手刨换用打磨机。要注意由于打磨机切削能力强,打磨时要按照工件表面弧度变换打磨机角度,多方向交叉打磨,不要加压力过高,以免打磨过度,使打磨的原子灰失去弧度或者边缘不平顺,导致喷涂面漆后能够看出有原子灰印或者凹陷。所以,打磨机打磨时,仍然要经常用手检查原子灰,留意观察原子灰边缘羽状,这两点在打磨原子灰的过程中一直都是非常重要。

对于初学者,原子灰粗磨一般都应该使用手刨,随着熟练度的提高,就可以从弧度较小的外弧面开始逐步多使用打磨机打磨原子灰。

(6)如果打磨到P180时,发现原子灰表面存在填眼灰难以填充的砂眼、砂纸痕,则继续以薄刮原子灰的方式填充,以避免因这些砂眼、砂纸痕难以用填眼灰及中涂底漆填充,造成缺陷导致返工。切记填眼灰只能用于补救填充直径1mm左右的砂眼、砂纸痕,如果填眼灰填充打磨后为片状,由于填眼灰是单组分,喷涂面漆时会吸收面漆中溶剂而下陷,导致收缩、

失光、出现印痕等缺陷。行业内有一种擦涂式填眼灰(图4-9)用于原子灰打磨完成后填充原子灰表面轻微砂眼,使用方法是清洁原子灰表面后,用压缩空气除去砂眼中的灰尘,然后用除油清洁布沾上这种填眼灰用力在原子灰表面来回擦拭,把填眼灰擦进原子灰砂眼中,擦掉原子灰表面多余的填眼灰即可继续喷涂中涂底漆。这种产品的好处:第一是擦涂后不用打磨;第二是喷涂中涂底漆后可遮盖在下面,不会如同在中涂底漆上面使用的原子灰那样需要打磨且喷涂面漆时需要专门遮盖,以防止未能遮盖,导致面漆颜色不一致,从而增加了面漆成本。

图4-9 擦涂式填眼灰

三、损伤修复整平技能评价方法

对于车身涂装修复的各项技能,不同的企业、学校有不同的评价体系,技能评价体系的重点是准确识别涂装技师技能水平的长处及弱点,首先评价标准要合理,其次,操作安全、操作规范性、5S、过程质量及最终质量这些方面所占的权重也非常关键。由于涂装修复涉及的安全防护用品种类多,操作步骤、涉及材料、工具、设备较多,常见的评价体系往往评分点多而分散,有可能不能有效地衡量一个人的技能水平、长处、弱点。本书将在每节提供一个参考技能评价表,可用于对涂装技师在某一方面的技能进行技能评价,使用方法简单,每一个参考技能评价表满分都是100分,参照其中的扣分标准记录扣分点,就可以衡量涂装技师哪一方面丢分较多,较为薄弱。从而进行针对性训练以提高这方面技能。损伤修复整平技能评价表见表4-1。

损伤修复整平技能评价表　　　　表4-1

项目	规范做法要点	扣分原则
安全防护	(1)全程穿戴防护眼镜、工作帽、安全鞋和工作服耳塞;简单除尘可以直接佩戴活性炭防护口罩 (2)除油、刮涂原子灰时佩戴防毒面具和防溶剂手套; 清洗原子灰刮刀使用耐溶剂手套; 除油时佩戴耐溶剂(厚)手套或乳胶(薄)手套均可 (3)打磨时佩戴防尘口罩和棉纱手套	出现不符合左侧规范做法情形,或出现以下规定防护用品佩戴错误,一次扣5分; 除油后,将活性炭防护面具佩戴在胸前,佩戴上防尘口罩打磨,扣5分(只扣1次); 允许情形: 除油后小面积快速补充打磨可以佩戴活性炭防护面具、乳胶手套打磨,小面积打磨后除尘时佩戴活性炭防护面具和防尘口罩均可; 短时间摘除手套检查原子灰平整度(只是检查)不扣分; 同时佩戴2副手套,佩戴上第二副之前确保里面一副的污染物已经去除则不扣分

续上表

项目	规范做法要点	扣分原则
除油	如果工件表面有灰尘,用除尘枪除尘	此项操作不评分
	(1)一湿布一干布	只用湿布擦湿未擦干,或未除油扣5分
	(2)喷油性除油剂或者湿布擦湿表面,然后擦干	擦湿程度不够,擦干前已挥发干燥;或擦湿时有遗漏区域;擦湿没有问题,但擦干不够规范,有遗漏区域未完全擦干扣2分
羽状边	(1)羽状边最终使用P120或P180砂纸	最终使用P80砂纸打磨羽状边扣10分
	(2)旧漆完全去除	凹点有残留旧漆完全未去除扣10分;去除后有残留视残留比例扣1~9分
	(3)羽状边打磨后每层宽度在2mm以上,过渡平滑,无台阶	未打磨羽状边,或羽状边边缘整体不合格,扣30分;部分不合格,按不合格长度占总体周长百分比乘以30分扣分;不合格表现:内凹形状或每层宽度低于2mm,且指触有台阶(裁判须佩戴手套指触)
原子灰刮涂	(1)除油	标准同上
	(2)施涂合适厚度的环氧底漆,环氧底漆覆盖裸露金属,不可见金属	完全没有使用环氧底漆,扣30分;可见裸露金属(金属反光),扣10分;较薄未完全遮盖金属,扣5分
	(3)环氧底漆完全干燥后再刮涂原子灰	环氧底漆未完全干燥刮涂原子灰导致咬底,扣30分
	(4)刮涂范围不超出砂纸打磨范围	超出砂纸打磨范围扣10分;只是刮刀带出的少量残余不计
原子灰打磨及整板打磨	(1)原子灰干燥充分再打磨	较严重粘砂纸(结块面积达到50%以上),扣5分;(裁判须用手指弹砂纸确认)
	(2)除油	标准同上
清洁、复位	(1)产品包装盖盖好;没有碰洒包装罐中油漆类物料	原子灰、固化剂、填眼灰用完后未及时将盖子上,每种产品一次扣1分;碰洒包装罐中油漆类物料,扣20分
	(2)清洁工件;打磨机、手刨等所有工具及工作台用打磨机吸尘管吸尘;地面无须除尘、无须清洁	除过最后一次工件除尘及原子灰再次刮涂前吹原子灰部位之外,其他吹尘每次扣3分
	(3)工具没有放在地面上(清洗刮刀不锈钢盆除外),使用完毕,恢复原状;砂纸、菜瓜布回收;废弃物丢弃	每种工具放置于地面上,或每种工具、耗材未恢复原状,每种扣3分(磨头、手刨、磨头打磨管、手刨打磨管、不锈钢盆、防溶剂手套);砂纸、菜瓜布未回收,每种扣3分;废弃物(除油布等)未丢弃,每种扣3分

损伤修复整平结果评价表见表4-2。

损伤修复整平结果评价表　　　　　表4-2

规范做法要点	扣分原则			
	要点	正面(a)	第一折边(b)	外侧(c)
工件清洁,正面、第一折边(距第一折边2mm内计为第一折边)、外侧均没有残留灰尘、炭粉; 正面无磨穿; 无研磨不足;磨除瑕疵(直径0.5mm以下,因电泳底漆起泡等缺陷,打磨后露出的点状瑕疵不计)、磨除橘皮; 橘皮的定义,每个橘皮底部圆形直径0.5mm以上;或虽然直径较小,因为系喷涂粗糙导致,可看到较深凹凸不平; 1类橘皮:正面及2个侧面均可看出; 2类橘皮,正面、2个侧面中,有一个角度无法看出,但另外2个角度均可看出; 3类橘皮,只有1个侧面角度30°~45°能看出,另外2个角度看为打磨砂纸痕; 第一折边(正面与外侧交界的边)无磨穿; 第一折边外侧有打磨痕迹即可; 工件上裸露金属在中涂底漆之前施涂环氧底漆或侵蚀底漆; 磨穿部位是否施涂环氧底漆或侵蚀底漆由中涂环节评分,不在此工位评分	(1)工件清洁度	整体清洁不够,残留灰尘、炭粉,扣10分,其他根据程度、面积扣分	每条边1分,根据程度、面积扣分	每部位1分,根据程度、面积扣分
	(2)磨穿至金属(原子灰周边裸露金属不扣分;未漏金属的磨穿不扣分)	最长边每2cm扣1分	每5cm扣1分	不扣分
	(3)瑕疵未磨除,包括残留原子灰等	每个点扣2分,最长边每1cm一处扣4分	每个点扣1分,每1cm一处扣2分(不包括底漆喷涂粗糙橘皮)	每个点扣0.5分,每5cm一处扣2分
	(4)未磨除橘皮	最长边2cm以下橘皮不扣分,每2cm一处扣1分长边1cm以下橘皮不扣分;1类:最长边每1cm;扣1分。2类:每2cm扣1分;3类:不扣分	指触粗糙或完全未打磨上边:3分左边:3分下边:1分轮弧边:2分右边:2分部分粗糙,按照占此边长度比例扣分	不扣分
	(5)未打磨(无打磨痕迹)	在上面(3)、(4)项中评分	在上面(3)、(4)项中评分	上部:3分左部:5分下部:1分轮弧:2分右侧:3分未完全打磨按照占此侧面积比例扣分,死角位置不评分

第二节　喷涂底漆

1. 中涂底漆的材料知识(中级技能);

2. 中涂底漆整板喷涂的方法(中级技能);

3. 中涂底漆修补喷涂的方法(中级技能);

4. 面漆配方中中涂底漆灰度的查询方法(高级技能);

5. 调配中涂底漆灰度方法(高级技能);

6. 免磨底漆材料知识(高级技能);

7. 免磨底漆整板喷涂前的打磨方法(高级技能);

8. 免磨底漆整板喷涂方法(高级技能)。

技能要求

1. 能选择和调配中涂底漆(中级技能);

2. 能使用喷枪完成中涂底漆整板喷涂(中级技能);

3. 能使用喷枪完成中涂底漆局部喷涂(中级技能);

4. 能选择双动作打磨机、干磨手刨及干磨砂纸等打磨辅料完成免磨底漆喷涂前打磨(高级技能);

5. 能根据面漆配方选择中涂底漆的灰度(高级技能);

6. 能调配和喷涂可调灰度中涂底漆(高级技能);

7. 能使用喷枪完成可调灰度中涂底漆局部喷涂(高级技能);

8. 能使用喷枪完成免磨底漆整板喷涂(高级技能);

9. 能打磨去除免磨底漆表面脏点、边缘粗糙漆尘等缺陷(高级技能)。

一、喷涂中涂底漆前遮蔽

在喷涂中涂底漆前,为了防止中涂底漆喷涂到其他无须喷涂的工件、密封条、饰条表面上,需要进行必要的遮蔽。

1. 遮蔽前清洁

由于车辆遮蔽后接下来要移入烤漆房喷涂底漆,所以在遮蔽之前要先对车辆工件及相邻部位进行清洁,包括轮毂、轮胎、玻璃、各部件之间的缝隙等。如果喷涂中涂底漆前是全部采用干磨,则清洁工作不要用水洗,以免需要花费多余时间将工件表面、各个缝隙吹干。

为了保证遮蔽胶带的黏着,应对喷涂工件及周围区域先进行除油清洁。这样可以避免遮蔽完成后进行除油清洁,破坏遮蔽部位。

2. 遮蔽

为了防止喷涂产生的虚漆、漆雾外逸粘到其他无须喷涂的工件表面上,喷涂前需要对喷涂部位进行遮蔽。为了防止中涂底漆边缘有台阶,使后续的打磨需花费更多的时间,增加打磨成本,且容易导致喷涂面漆后仍能看出中涂底漆边界痕迹,当遮蔽边缘是密封条、饰条、把手等边界时,沿这些边界贴护;当遮蔽范围并非是沿着密封条、饰条、把手等边界时,中涂底漆前遮蔽应采用反向遮蔽(图4-10)。

图4-10 喷涂中涂底漆前反向遮蔽

所谓反向遮蔽是指遮蔽纸由喷涂区域朝外反折,使遮蔽纸形成一个圆弧,以避免喷涂台阶。

二、防锈底漆的种类及涂装要点

1. 除锈

施涂防锈底漆前需要判断金属有没有生锈,如果已经生锈,为了避免金属继续生锈,以及为了避免涂层附着力不良,需要先进行除锈,目前汽车车身整形修复及图样修复最常用的方法是打磨除锈,即利用打磨机、砂纸、黑金刚等工具、材料去除工件表面锈蚀。这其中又以使用单作用打磨机或 6mm 以上偏心距的双动作打磨机配合 P60~P80 砂纸打磨除锈最为常见,面积越大,所使用的双动作打磨机偏心距就应越大,以提高除锈效率。

行业内也有使用除锈水与金属锈蚀产生反应清除掉锈蚀的方法,但需要留意产品使用说明该除锈水适合用于何种金属表面,例如,有的除锈水可以用于钢板、铝合金板,但是不能用于镀锌钢板。使用方法很简单,将除锈水与水按照规定产品比例调配后,用刷子刷涂在金属表面,然后用清水洗净表面,擦干净表面,并尽快施涂防锈底漆即可。在坑洼的钢板表面,或铝合金表面,应使用钢丝球或菜瓜布蘸混合溶液进行打磨除锈。除锈水处理除锈的同时,会对金属表面起到磷化作用,在金属表面形成一层致密的磷酸盐,从而能提高金属的防锈性并提高金属与防锈底漆的附着力。但因为磷酸盐和原子灰的附着力不好,所以经过除锈水处理的金属表面不能直接刮涂原子灰。

2. 环氧底漆

现在汽车修补涂装中用于金属表面的底漆主要是环氧底漆和侵蚀底漆两种产品。

图4-11 自喷罐环氧底漆

环氧底漆是以环氧树脂为主要成膜物质制成的底漆,优点是附着力极强,对各种金属、塑料、碳素纤维等底材都有很好的附着力,涂膜韧性好,耐久性、耐热性良好,耐化学品性优良。环氧树脂类涂料的缺点是耐候性差,表面粉化较快,故它主要用于防锈底漆。一般环氧底漆使用胺类作为固化剂,较为慢干,使用异氰酸酯固化剂的环氧底漆所使用的固化剂和其他双组分中底漆相同,且较为快干。行业内也有自喷罐包装的单组分环氧底漆,用于小面积快修时直接快速喷涂露金属部位后湿碰湿喷涂面漆,可以大大提高涂装效率并节约洗枪时间,这种产品可直接喷涂于裸金属,包括镀锌钢板、铝合金,也可以喷涂于玻璃纤维和原子灰上,也可以用于喷涂中涂底漆前喷涂于裸露金属上提高附着力和防锈性,如图4-11所示。

使用前摇晃气雾罐大约 2min,听见罐中混合钢珠的声音即说明已经混合均匀,可以喷涂。由于自喷罐包装的环氧底漆为单组分,故不能在上面刮涂原子灰。

3. 侵蚀底漆

侵蚀底漆的代表产品为磷化底漆,常用的磷化底漆和活化剂分开包装,使用时混合活化剂,喷涂一道,涂膜达到 10~15μm 即可,过厚反而会影响涂膜质量。磷化底漆的活化剂为酸性,包装为塑料罐,调配时一定要使用塑料调漆杯。涂装后能与金属表面通过化学反应生成一层不导电、多孔的磷化膜,从而能提高底漆对金属表面的附着力、耐蚀能力及热老化性能,适用于多种金属,如钢、铝合金、铜等,但由于成膜很薄,一般不能单独作为底漆使用,必须与其他底漆配套使用。磷化底漆一般闪干15min即可喷涂中涂底漆或者面漆,具体需参考具体产品的使用说明。

环氧底漆与磷化底漆对底材都具有良好的防腐性,对其上的涂层也都具有良好的附着力,但由于磷化底漆上面不能直接刮涂原子灰,所以在汽车修补涂装中一般使用双组分快干环氧底漆用于钣金操作后或刮涂原子灰之前对裸金属的防腐处理。裸露金属底材如果是铝合金,一般首选侵蚀底漆,其他金属则两者皆可。面积较小时则可以使用自喷罐产品以提高效率。

4. 选择合适的防锈底漆

综合环氧底漆、磷化底漆的特性,以下3种情况需要确定具体选择施涂哪种防锈底漆:

(1)根据原子灰产品特性和底材类型确定。刮涂原子灰之前需要根据原子灰产品特性和底材类型确定是否需要施涂环氧底漆,此时绝对不能施涂磷化底漆。

(2)车身整形修复后即需要立即施涂防锈底漆。汽车车身整形修复时,往往需要除去表面涂膜,为了防止除去涂膜后暴露的金属生锈,后续除锈工作量和成本增加,车身镀锌钢板的损失也增加,车身整形修复后需要立即施涂防锈底漆,环氧底漆或者磷化底漆都可以使用。用自喷罐底漆是一个非常高效的选择。

(3)中涂底漆前施涂防锈底漆。打磨原子灰后,车身部件部分位置有可能磨穿涂膜露出金属,由于中涂底漆的防锈性达不到车身涂装修复的要求,故在喷涂中涂底漆之前也需要施涂防锈底漆,环氧底漆或者磷化底漆都可以使用,同样可以使用自喷罐底漆。

三、喷涂中涂底漆

1. 中涂底漆的种类及选择

和防锈底漆不同,中涂底漆的主要是起到填充作用、隔离作用和提高附着力的作用,防锈作用则较防锈底漆弱。中涂底漆的填充颜料较多,喷涂膜厚,每层为$20\sim25\mu m$,相当于防锈底漆的1倍左右,能有效填充损伤处理之后原子灰、旧漆面的砂纸痕、砂眼及轻微不平整,并可对下面的涂层起到封闭、隔离作用。

面漆与原子灰、玻璃钢、碳素纤维这些底材的附着力达不到车身涂装维修质量要求,喷涂中涂底漆后,一方面保证了整个涂膜的层间附着力,另外一方面,双组分中涂底漆可以有效防止面漆向下渗透、下陷,从而可以提高面漆的亮度和饱满度。同时,双组分中涂底漆能提高涂膜的抗石击性能,有的涂料厂商开发的专门的抗石击底漆,抗石击能力和防腐能力较一般中涂底漆大为提高,特别适合于易于遭受石击的部件,如车门的下裙边、翼子板、发动机罩使用。

中涂底漆根据树脂种类可分为硝基、丙烯酸或双组分丙烯酸聚氨酯等种类;其中采用硝基、丙烯酸树脂的为单组分,采用丙烯酸聚氨酯树脂的为双组分。

单组分中涂底漆自然干燥速度快于双组分中涂底漆,但是隔离性、填充性、附着力、耐候性都较双组分中涂底漆差,通常只适合于小面积修补喷涂,且由于柔韧性不够好,无法添加柔软剂降低柔韧性,所以不能喷涂在塑料保险杠上,否则容易造成涂膜开裂、剥落。目前汽车涂装维修行业普遍使用的是双组分中涂底漆,双组分中涂底漆在20℃常温情况下自然干燥时间一般为1~2h,为了加快其干燥速度,可以采用短波红外线烤灯烘烤,15min左右即可干燥,这样既可以缩短其干燥时间,又保证了维修作业效率。

2. 整板喷涂中涂底漆

对于新的车身金属部件,表面上有一层起到防锈作用的电泳底漆,厚度为15μm左右,其作用是提供工件所需的防腐性能。对于新的塑料保险杠,表面上则有一层用以保证附着力的塑料底漆,在汽车维修涂装时,这两种部件都需要整板喷涂中涂底漆。

1)新金属部件及塑料件整板喷涂中涂底漆原因

(1)填充微小缺陷。

(2)面漆更易于遮盖中涂底漆,喷涂中涂底漆能够减少面漆用量。

(3)喷涂中涂底漆,能够提高面漆的亮度和饱满度,及提高涂膜的抗石击能力。

为确保中涂漆有良好的附着力需要对电泳底漆、塑料底漆进行适当的研磨,常见的高效做法是使用双动作打磨机配P400砂纸或红色菜瓜布进行整板研磨,为了尽量减少磨穿电泳底漆,应安装中间软垫,否则磨穿部位还需要补涂防锈底漆,浪费成本和时间。

边角、缝隙等打磨机打磨不到的部位,则可以用菜瓜布或者用P400海绵砂纸手工打磨,也可以用打磨软垫加上P400机磨砂纸打磨。这些部位的电泳底漆更容易磨穿,打磨时要注意不要在一个位置打磨次数过多。电泳底漆表面往往没有多少严重的橘皮、瑕疵,只要磨除中涂底漆不能填充遮盖的瑕疵,整体都经过打磨,没有未打磨的区域,即属于打磨达标。切勿打磨过度造成很多不必要的磨穿,浪费成本。

如果旧漆面已经出现了开裂、粉化等严重问题,或当旧涂膜属于单组分类型,还有当旧涂膜在涂装时容易出现咬底时,则需要磨除出现问题的旧涂膜,整板喷涂中涂底漆。

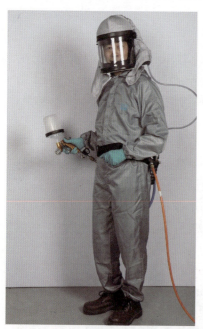

图4-12 喷涂中涂底漆的安全防护用品

塑料保险杠须注意只能使用双组分中涂底漆,且需要根据塑料种类、柔软程度,根据产品说明书添加一定的柔软剂后,再添加固化剂、稀释剂进行喷涂。

以上两种情况的部件一般都没有大的损伤,即使有小损伤,刮涂原子灰的面积也不大,为了提高效率,非常适合于喷涂免磨底漆,以节约中涂底漆干燥、打磨的时间和成本。我们将在后面的内容中介绍喷涂免磨底漆的技能,这也是高级技工需要掌握的技能之一。

2)整板喷涂中涂底漆的操作步骤及操作要点

(1)佩戴合适的防护用具:安全眼镜、供气式防护面罩(喷涂双组分中涂底漆时)或活性炭防护口罩、防溶剂手套、工作鞋,如图4-12所示。

(2)按照产品调配要求,添加合适的固化剂(双组分中涂底漆)及稀释剂。

(3)使用除油剂对工件表面进行除油清洁。

(4)按照产品要求正确调配喷枪,中涂底漆需使用喷枪口径为1.6~2.0mm的底漆喷枪,喷枪气压(枪尾气压)与中涂底漆喷涂面积有关,面积较大或整板喷涂时的气压设置见表4-3。

整板喷涂中涂底漆的喷枪气压设置　　　表4-3

喷　枪	枪尾气压(kPa)
传统喷枪	300
低流量中气压喷枪	200
高流量低气压喷枪(HVLP)	150

具体喷枪设定参数需参照涂料厂商产品资料及喷枪厂商产品使用资料。

(5)闪干5~10min后,使用短波红外线烤灯烘烤15min左右,烤干中涂底漆。

3. 局部修补喷涂中涂底漆

汽车涂装维修时,通常刮涂原子灰整平的表面只是工件上的局部范围,当其他部位的旧漆质量良好时,中涂底漆只需要在原子灰整平的部位局部修补喷涂。

局部修补喷涂中涂底漆的要点:

(1)对喷涂部位和遮蔽部位除油清洁,然后反向贴护。

(2)局部修补喷涂中涂底漆,一般需喷涂2~3层中涂底漆,每层之间闪干5min左右。

由于中涂底漆的体质颜料较多,填充性强,但也会造成流平性不如免磨底漆和面漆那么好,所以修补喷涂时,喷涂区域周边会比较粗糙,会飞上一些漆尘,如果按照大家通常习惯的逐层扩大的喷法,后面一层就会覆盖在前面一层的粗糙表面及漆尘之上,如果后面一层因为天气较热或者喷涂较薄不能溶解前一层的涂膜,那么中涂底漆表面就会比较粗糙,打磨时难以打磨。所以比较好的一个方法是按照从大到小的方式喷涂中涂底漆,如图4-13所示,以使后面涂层的漆尘落在前一层之上,减少打磨工作量。

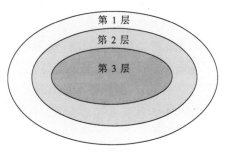

图4-13　从大到小喷涂中涂底漆

局部修补时底漆喷枪气压设定见表4-4,具体喷枪设定参数需参照涂料厂商产品资料及喷枪厂商产品使用资料。

局部修补底漆喷枪气压设定　　　表4-4

喷　枪	枪尾气压(kPa)
传统喷枪	200
低流量中气压喷枪	150
高流量低气压喷枪(HVLP)	100

4. 根据面漆灰度选择中涂底漆灰度

当一个面漆颜色的灰度值和中涂底漆颜色的灰度值最接近时,面漆最容易遮盖住中涂底漆,这时面漆的用量最节省,这就意味着喷涂遍数减少,就能节约喷涂时间和闪干时间,总体的喷涂施工时间自然也就较短,所以采用和面漆相同灰度值的中涂底漆是一个降低成本和提高效率的非常好的方法。

目前有的涂料厂商在面漆颜色配方系统中提供该颜色的灰度值,方便用户根据面漆灰度值选择使用合适灰度的中涂底漆,涂料厂商开发有3种不同灰度值的中涂底漆和免磨中涂底漆,通过一定比例可以调配出其他4种灰度的中涂底漆或免磨中涂底漆。表4-5是3种产品使用不同的比例调配出7种灰度中涂底漆的比例,其中SG01～SG07即灰度值,须注意不同涂料品牌灰度值的表示编号不同,但编号中一定含有灰度值数字1～7。

灰度1～7的中涂底漆调配比例　　　　　　　　　　　　　　　表4-5

产品编号	SG01	SG02	SG03	SG04	SG05	SG06	SG07
P565—511	100	95	80	50	0	0	0
P565—510	0	5	20	50	100	99	92
P170—5670	0	0	0	0	0	1	8

5. 整板喷涂免磨底漆

如前所述,对于新的车身金属部件和新的塑料保险杠,为了使面漆更好遮盖,减少面漆用量,保证面漆的亮度和饱满度达到原漆效果,以及为了提高涂膜的抗石击能力,在维修涂装时都需要整板喷涂中涂底漆。当这两种情况的部件没有大的损伤,即没有大面积的原子灰时,喷涂可调灰度免磨底漆是一种非常高效率的先进做法。

使用免磨底漆做法,一个新车门能节约46%的时间,见表4-6。

免磨底漆做法和普通底漆做法用时对比　　　　　　　　　　　表4-6

阶段	普通做法	时间(min)	免磨底漆做法	时间(min)
打磨	内外全打磨,边缘等位置手磨	20	干研磨,只对外板轻磨	10
中涂底漆	遮蔽纸/遮蔽膜	130	遮蔽纸/遮蔽膜	70
	中涂底漆自然干燥		自流平中涂底漆(免磨)	
面漆前处理	打磨	70	—	0
	报纸/遮蔽膜			
面漆	底色漆+清漆	30	底色漆+清漆	30
红外线烤灯烘烤		20		20
抛光	点磨点抛	30	点磨点抛	30
	合计(min)	300	合计(min)	160
	合计(h)	5	合计(h)	2.7h
	节约			2.3h

喷涂免磨底漆需使用喷枪口径为1.4mm的底漆喷枪,通常湿喷一层或喷涂一个双层即可,喷涂气压略高于喷涂中涂底漆,见表4-7。

喷涂免磨底漆喷枪气压设定　　　　　　　　　　　　　　　表4-7

喷枪	枪尾气压(kPa)
传统喷枪	300～370
低流量中气压喷枪	200～250
高流量低气压喷枪(HVLP)	150～200

具体喷枪设定参数需参照涂料厂商产品资料及喷枪厂商产品使用资料。

6. 局部修补喷涂免磨底漆

对于无须整板喷涂的工件,例如工件其他部位旧漆完好,只是有小面积原子灰和打磨划痕、瑕疵后的羽状边,那么就可以局部修补喷涂免磨底漆。为了防止免磨底漆边缘粗糙、橘皮重影响面漆的效果及质量,修补免磨底漆要采用如同面漆局部修补同样的手法,以确保接口部位无粗糙漆尘,如图4-14所示。

需要时,可以在修补喷涂完免磨底漆后,在接口部位喷涂一些驳口水,以溶解接口部位的粗糙漆尘,干燥后可以用粘尘布粘除修补区域附近漆尘,确保喷涂效果,如果4-15所示。

图4-14 修补喷涂免磨底漆　　　　图4-15 用粘尘布粘除免磨底漆修补区域附近漆尘

四、底漆喷涂技能评估

为了评价底漆喷涂方面技能表现,发现长处和缺点,以针对性改善提高,可参照下表对底漆喷涂技能进行评估,满分仍为100分,见表4-8。

底漆喷涂技能评估　　　　表4-8

步骤	规范做法要点	扣分原则
安全防护	(1)调配、喷涂时全程佩戴防护眼镜、工作帽、安全鞋、工作服、活性炭过滤式口罩、乳胶手套和耳塞 (2)搬运工件时应佩戴手套(防护眼镜不评分);喷涂中涂底漆前搬运应佩戴棉纱或乳胶手套搬运,为了防止沾染油漆,喷涂后应佩戴乳胶手套搬运	(1)整个操作过程中每次防护用品佩戴错误或未佩戴,一次扣5分; (2)短时间摘除眼镜检查工件或擦干净眼镜不扣分
粘尘	(1)喷涂前对工件粘尘	喷涂前未对工件粘尘扣5分
	(2)粘尘布使用方法正确,将粘尘布充分展开后,再叠起来或者团起来对喷涂区域进行粘尘	粘尘布使用方法错误扣3分
	(3)工件喷涂前完全清洁	喷涂前仍有残留研磨灰尘(裁判须佩戴乳胶手套指触确认),整板,扣20分,其他情况,根据面积和程度扣5~20分;每外侧2分

续上表

步　骤	规范做法要点	扣分原则
清洁、归位	(1)产品包装盖盖好 (2)工具(喷枪、粘尘布)没有放在地面上;使用完毕,工具、工作位恢复原状;气管归位;粘尘布妥善保管	(1)每一种错误扣除3分; (2)碰洒包装罐中油漆类物料,喷洒喷枪中物料,包括因不会使用免洗枪壶导致洒漆,扣30分(可以补充物料以供喷涂)
喷涂过程、效果	(1)对裸露金属区域使用侵蚀底漆修补	包括第一折边外侧,未使用侵蚀底漆,每1cm长度裸露金属扣1分
	(2)选择正确灰度的中涂底漆	(1)选择灰度为相邻灰度,扣15分; (2)非相邻灰度,扣30分
	(3)中涂底漆添加固化剂添加量正确	固化剂添加量每超出或减少0.1g,扣1分
	(4)没有使用吹风筒或者喷枪吹漆面,合理闪干(观察漆面哑光或指触以判断闪干)后喷涂下一层中涂底漆	使用吹风筒或者喷枪吹漆面,一次扣5分;确定闪干时间不够,一次扣5分
	(5)喷涂过程中无打磨、缺陷补喷操作	打磨、擦除导致补喷,一次扣5分(没有打磨、擦除情况下的补喷不扣分)

除对底漆喷涂技能、过程进行评估,还要对底漆喷涂效果进行评估,满分仍为100分,见表4-9。

底漆喷涂效果评估　　　　　　　　　　　　　　　　　　　　　　表4-9

底漆喷涂效果扣分原则
一处流挂扣10分;其他缺陷,每种缺陷扣10分;橘皮轻重不扣分
遮盖不完全,有露底现象(露底指能看出底下底漆颜色,不能以喷涂中涂底漆有部位没有喷涂到作为露底),每5cm一处扣10分
外侧未喷涂中涂底漆,每个外侧扣5分,部分喷涂的,按照未喷涂区域占比扣分

第三节　面漆前处理

 知识要求

1. 中涂底漆打磨方法(中级技能);
2. 银粉漆色漆整板喷涂前的打磨方法(高级技能);
3. 银粉漆色漆局部修补前的打磨方法(高级技能);
4. 单工序素色漆局部修补前的打磨方法(技师技能);
5. 色漆、清漆局部修补前的打磨方法(技师技能);
6. 三工序珍珠色漆局部修补前的打磨方法(高级技师技能)。

第四章　汽车车身金属工件涂装修复

> **技能要求**

1. 能使用双动作打磨机、干磨手刨及干磨砂纸等打磨辅料完成中涂底漆打磨（中级技能）；
2. 能使用双动作打磨机、干磨手刨及砂纸等打磨辅料完成银粉色漆整喷前打磨（高级技能）；
3. 能使用双动作打磨机、干磨手刨及干磨砂纸等打磨辅料完成银粉色漆局部修补喷涂前打磨（高级技能）；
4. 能使用双动作打磨机、干磨手刨及干磨砂纸等打磨辅料完成单工序素色漆局部修补前打磨（技师技能）；
5. 能使用双动作打磨机、干磨手刨及干磨砂纸等打磨辅料完成清漆局部修补前打磨（技师技能）；
6. 能使用双动作打磨机、干磨手刨及干磨砂纸等打磨辅料完成三工序珍珠修补前打磨（高级技师技能）。

一、打磨中涂底漆及旧漆

打磨中涂底漆的步骤及要点如下。

1. 安全防护

打磨中涂底漆时，应佩戴棉纱手套、防尘口罩、防护眼镜、安全鞋。

2. 打磨中涂底漆及旧漆的要点及步骤

（1）如图4-16所示，由于中涂底漆本身没有亮度，所以打磨前要在中涂底漆上涂抹一层打磨指示层，以便在打磨时能判断哪些部位还有缺陷。

（2）对于经过中涂底漆填充过的部位，如：原来有原子灰的区域，因为划痕、缺陷打磨过羽状边的部位及中涂底漆纹理较粗的区域，先使用干磨手刨配合P240～P320干磨砂纸进行局部手工干磨（图4-17）。

图4-16　中涂底漆打磨前施涂打磨指示层　　　　图4-17　手工干磨中涂底漆

这是因为这些部位经过中涂底漆填充后，原来比较高的位置还是会比较高，原来比较低的位置仍会较低，所以要用手刨按照类似于打磨原子灰的方法，不要加太大压力，沿着工件表面弧度方向、45°方向等多个方向打磨整平整个表面。如喷涂中涂底漆之前的表面比较平整，中涂底漆表面也比较光滑，可直接使用P320砂纸打磨，或省略此步骤。

(3)使用偏心距为3mm的双作用干磨机,在托盘上加装中间软垫(图4-18)打磨中涂底漆。

(4)如果接下来是喷涂单工序面漆或双工序纯色漆,使用P400砂纸进行打磨,如果接下来是喷涂双工序银粉漆、珍珠漆,则使用P500砂纸进行打磨。对于边角、凹陷处这些位置,使用P800~1000海绵砂纸或灰色菜瓜布进行打磨,也可以用中间软垫加P800~P1000砂纸打磨(图4-19)。

图4-18 使用偏心距为3mm的双作用干磨机打磨中涂底漆

图4-19 打磨难以打磨区域

要确保把将要喷涂的区域全部磨毛至没有光泽,以确保新喷油漆附着力及流平最佳。如图4-20所示,"X"的右侧及下侧均有很多仍然发亮的橘皮没有磨除,这就属于打磨不合格。

如果下一步工作是局部喷涂银粉、珍珠色漆,或整板喷涂清漆,则对于银粉、珍珠色漆驳口区域,应使用P800~P1000砂纸、精磨砂棉或使用浅灰色菜瓜布打磨,也要打磨至没有光泽。如同喷涂中涂底漆之前的打磨一样,最后一遍打磨,可以将灰色菜瓜布装在打磨机上打磨整个工件(图4-21),又可以清除工件表面上的打磨灰尘,又能将所有打磨区域打磨至没有光泽。

图4-20 打磨不合格表现

图4-21 打磨机配合灰色菜瓜布进行最终打磨

二、面漆前遮蔽

为了不影响烤漆房的使用效率,以及减少对烤漆房内部环境的影响,面漆前遮蔽应该在烤漆房外面的专用遮蔽工位完成。为了方便将车辆移入烤漆房,除非是使用水性遮蔽膜,车轮及前风窗玻璃等部位先遗留下来不要遮蔽,等到车辆移入烤漆房后再遮蔽。

由于车辆遮蔽后接下来要移入烤漆房喷涂面漆,所以在遮蔽之前要先对车辆的各个部位进行清洁,包括轮毂、轮胎、玻璃、各部件之间的缝隙等。如果喷涂中涂底漆后是全部采用干磨,则清洁工作可以不用水洗,使用吹尘枪将车身表面、各个缝隙吹干净。然后用除油剂把将要贴遮蔽胶带的部位及附近位置清洁一遍,以免这些饰条、橡胶条上有美容蜡、油脂从而和胶带的黏附力不够好,喷涂面漆时胶带脱落,导致油漆喷到了饰条上。

对于难以准确遮蔽的部件,为了避免将来涂膜和这些部件的交界处出现问题,比如油漆喷到了这些部件上,或者由于遮蔽胶带贴到了应该喷涂油漆的工件上造成油漆漏喷,比如发动机罩上的喷水头、门把手及一些车窗密封胶条,应在喷涂面漆前拆除。

面漆前遮蔽要注意胶带贴在部件上的边界精准,一般是先用双手手指确保边界准确,贴好后,用手指按压一遍,以确保粘贴牢固。最难遮蔽及最容易脱落的地方是弯角,这时候不能把胶带拉得过紧,要让胶带在松弛状态下有一点皱褶的粘贴在弯角部位。粘好一层胶带后,再使用带有胶带的遮蔽纸、遮蔽膜粘贴在胶带上以遮蔽整个需要遮蔽的部位,这时要注意遮蔽纸、遮蔽膜在遮蔽后不能留有开口,形成褶皱"口袋",或过于蓬松。因为开口会导致漆雾直接飞入,污染车身表面,口袋则会"藏污纳垢",喷漆时形成的漆尘会在其中暂时藏身,在后面的喷涂过程中飞出来污染漆面。过于蓬松,则会导致喷涂时遮蔽纸、遮蔽膜被压缩空气吹得不断抖动,在风力作用下导致胶带纸松脱。

三、除油清洁

1. 水性漆和油性漆的除油方法区别

喷涂面漆前,需要对工件表面进行除油清洁,对于溶剂型面漆(油性漆)来说,只需要用溶剂型的除油剂做除油清洁,对于水性面漆来说,则需要使用溶剂型除油剂和水性清洁剂两种材料来做除油清洁。溶剂型除油剂根据挥发速度的不同,又分为低气温用快干除油剂和高气温慢干除油剂。

2. 通用性除油方法

(1)使用耐溶剂喷壶将除油剂、清洁剂均匀喷洒在工件表面上,使油脂溶解,并在除油剂未自行挥发干燥前用清洁布将其擦干。

(2)使用两块清洁布,一块清洁布用除油剂、清洁剂润湿后,将工件表面擦湿,使油脂溶解,然后用另一块清洁布将工件上的除油剂擦干,以此方法完成整个工件的除油处理。

除油剂是多种有机溶剂的混合物,能够溶解车身表面的美容蜡、矽化物、油脂等污染物,且挥发速度较慢,擦湿表面后,除油剂会溶解污染物,用干布擦干除油剂,污染物就能够被擦拭去除。除油剂过少或挥发过快就起不到溶解油脂的作用。

每次除油的面积与除油剂的挥发速度、环境温度有关,以擦干前除油剂没有自行挥发干燥为准。一旦擦湿面积过大,没有来得及擦干,除油剂自行挥发,被除油剂溶解的污染物就会重新回到工件表面。另外,如果湿布沾清洁剂不足,或擦拭速度太快,会导致表面擦湿程度不够,无法将表面油脂溶解并在擦干时除去,导致喷漆时擦拭痕迹位置出现鱼眼。

四、面漆前打磨技能评估

可使用表4-10和表4-11对面漆前处理技能进行评估,分为过程评估和打磨结果评估两个方面,满分均为100分,面漆前打磨过程评估见表4-10。

面漆前打磨过程评估 表4-10

步骤	规范做法要点	扣分原则
安全防护	全程穿戴防护眼镜、工作帽、安全鞋、工作服和耳塞,除油时佩戴活性炭防护面具和防溶剂手套;干磨时佩戴防尘口罩	(1)每次防护用品佩戴错误或未佩戴扣5分; (2)除油后小面积快速补充打磨可以戴活性炭防护口罩、乳胶手套打磨,小面积打磨后除尘时佩戴活性炭防护面具和防尘口罩均可; (3)短时间摘除手套检查工件不扣分; (4)同时佩戴2副手套,佩戴上第二副手套之前确保里面一副手套的污染物已经去除则不扣分
打磨	(1)使用偏心距3mm的磨头及打磨保护垫	错误使用或未使用,一种扣5分
	(2)打磨前施涂适量打磨指示层	从未使用或过薄扣5分;施涂过厚或施涂过薄3分
	(3)未使用填眼灰或原子灰补救缺陷(针眼、砂纸痕等)	施涂填眼灰或原子灰补救缺陷,扣10分
除油、清洁	(1)使用水性清洁剂及油性除油剂,擦湿然后用干布擦干	少使用一种扣5分,只用湿布擦湿等同于未使用
	(2)喷除油剂或者清洁剂,或者用湿布擦湿表面,然后擦干	(1)擦湿程度不够,擦干前已挥发干燥扣2分; (2)擦湿时有遗漏区域扣2分; (3)擦湿没有问题,但擦干不够规范,有遗漏区域未完全擦干,扣2分
5S	(1)产品包装盖盖好	(1)未及时将产品盖子盖上,每种扣1分; (2)碰洒包装罐中油漆类物料,包括除油剂等,扣20分
	(2)除了清洁自己的工件,其他任何工具(打磨机、手刨等)、工作台、地面均无须除尘、无须清洁	除了最后一次工件除尘以外,吹尘每次扣3分
	(3)工具没有放在地面上,使用完毕,恢复原状	(1)每种工具放置于地面上,或每种工具、耗材未恢复原状,每种扣3分(包括磨头、手刨、磨头打磨管、手刨打磨管、手套等); (2)砂纸、菜瓜布未回收,每种扣3分; (3)废弃物(如除油布等)未丢弃至垃圾桶,每种扣3分

面漆前打磨结果评估见表4-11。

面漆前打磨结果评估　　　　表4-11

规范做法要点	扣分原则			
	要点	正面(a)	第一折边(b)	外侧(c)
工件清洁，正面、第一折边（距第一折边2mm内计为第一折边，弯折后相邻可见窄边按照第一折边计）、外侧均没有残留灰尘、炭粉； 正面无磨穿； 无研磨不足：磨除橘皮及瑕疵橘皮的定义，每个橘皮底部圆形直径0.5mm以上；或虽然直径较小，因为系喷涂粗糙导致，可看到较深凹凸不平）； 1类橘皮：正面及2个侧面均可看出； 2类橘皮，正面、2个侧面中，有一个角度无法看出，但另外2个角度均可看出； 3类橘皮，只有1个侧面角度30°~45°能看出，另外2个角度观察为打磨砂纸痕； 第一折边（正面与外侧交界的边）无磨穿； 第一折边外侧有打磨痕迹即可； 工件上裸露金属在中涂底漆之前施涂环氧底漆或侵蚀底漆； 磨穿部位是否施涂环氧底漆或侵蚀底漆由中涂环节评分，不在此工位评分	(1)工件清洁度	整体清洁不够，残留灰尘、炭粉，扣10分，其他根据程度、面积扣1~9分	不评分	每整体部位1分，其他根据程度、面积扣分
	(2)磨穿至金属或原子灰	最长边每1cm扣1分	每1cm扣0.5分	不扣分
	(3)磨穿新喷中涂底漆（未漏金属、原子灰）	最长边每2cm扣1分	每5cm扣1分第一折边2mm之内记为第一折边	不扣分
	(4)瑕疵未磨除，包括残留原子灰等	每个点扣2分，最长边每1cm一处扣4分	每个点扣1分，每1cm一处扣2分	每个点扣0.5分，每5cm一处扣2分
	(5)未磨除橘皮	最长边2cm以下橘皮不扣分。1类：最长边每1cm扣1分；2类：每2cm扣1分；3类：不扣分	指触粗糙或完全未打磨上边：扣3分，左边：扣3分；下边：扣1分；轮弧边：扣2分；右边：扣2分 部分粗糙，按照占此边长度比例扣分	不扣分
	(6)未打磨（无打磨痕迹）	在上面(3)、(4)项中评分	在上面(3)、(4)项中评分	上部：扣3分；左部：扣5分；下部：扣1分；轮弧：扣2分；右侧：扣3分； 未完全打磨按照占此侧面积比例扣分，死角位置不评分

第四节 喷涂面漆

知识要求

1. 清洁剂、除油剂材料知识及使用方法(中级技能);
2. 遮蔽材料及遮蔽方法(中级技能);
3. 单工序素色漆材料知识(中级技能);
4. 喷枪的选择与调整知识(中级技能);
5. 单工序素色漆整板喷涂方法(中级技能);
6. 单工序素色漆干燥至可打磨、抛光的时间相关要求(技师技能);
7. 单工序素色漆局部修补喷涂方法(技师技能);
8. 双工序素色漆整板喷涂方法(中级技能);
9. 银粉漆颜色的影响因素(中级技能);
10. 普通银粉漆整板喷涂方法(中级技能);
11. 普通银粉漆局部修补喷涂方法(高级技能);
12. 高难度银粉漆整板喷涂方法(高级技能);
13. 高难度银粉漆局部修补喷涂的方法(技师技能);
14. 三工序珍珠漆颜色的影响因素(技师技能);
15. 三工序面漆整板喷涂方法(技师技能);
16. 三工序面漆局部修补喷涂方法(高级技师技能);
17. 清漆的材料知识(中级技能);
18. 清漆喷涂的方法(中级技能);
19. 清漆局部修补喷涂方法(技师技能)。

技能要求

1. 能使用清洁剂、除油剂清洁工件表面(中级技能);
2. 能使用遮蔽材料完成面漆喷涂前遮蔽(中级技能);
3. 能使用喷枪完成单工序素色漆整板喷涂(中级技能);
4. 能使用喷枪完成双工序素色漆整板喷涂(中级技能);
5. 能使用喷枪完成素色漆局部修补(技师技能);
6. 能使用喷枪完成普通银粉色漆整板喷涂(中级技能);
7. 能使用喷枪完成普通银粉色漆局部修补(高级技能);
8. 能使用喷枪完成高难度银粉漆色漆整板喷涂(高级技能);
9. 能使用喷枪完成高难度银粉漆局部修补(技师技能);
10. 能使用喷枪完成三工序面漆整板喷涂(技师技能);
11. 能使用喷枪完成三工序面漆修补喷涂(高级技师技能);
12. 能使用喷枪完成清漆整板喷涂(中级技能);

13. 能使用喷枪完成清漆局部修补(技师技能)。

一、面漆的种类

1. 面漆的种类

面漆的分类方法很多,按颜色效果可分为纯色漆、银粉漆和珍珠漆;按成膜物质种类可分硝基漆、醇酸漆和丙烯酸漆等;按固化机理可分溶剂挥发型、氧化型和交联反应型等;按施工工序可分单工序、双工序和三工序等。

单工序面漆指喷涂一种涂料即形成完整的面漆层的喷涂系统。双工序面漆指喷涂两种不同的涂料才能形成完整的面涂层的喷涂系统,通常是先喷涂色漆,然后再喷涂罩光清漆,两种涂层共同构成完整的面漆层;色漆通常包括纯色漆、银粉漆、珍珠漆。纯色漆只含有纯色颜料,银粉漆含有铝粉,珍珠漆含有云母颜料。

三工序面漆以三工序白珍珠最为常见,这类颜色需要先喷涂底层白色纯色底色漆,再喷涂半透明的白珍珠色漆(云母),最后再喷涂清漆,三个涂层共同构成完整的面涂层,所以被称为三工序面漆,三工序面漆的两层色漆则可以分别称为三工序底层底色漆、三工序珍珠漆(层),行业内一般笼统称为三工序色漆或者三工序珍珠漆。和双工序珍珠漆相比较,三工序面漆的色漆多一层,且其珍珠层为半透明,一方面底层底色颜色能反射出来,另一方面半透明的珍珠层其透射、反射、干涉几种效果叠加,使正、侧面色调反差强烈,所以成为人们非常喜欢的颜色,从而被汽车生产厂广泛使用。三工序面漆的效果丰富,但整喷、修补难度都较双工序大,故三工序面漆整喷属于技师应达到的技能,而修补是属于高级技师应达到的技能。

近年来,一些新型的多道工序面漆不断被开发出来,如某高端汽车品牌的蓝焰色,它的原厂漆要喷涂6层之多,即在电泳底漆、中涂底漆之上,依次喷涂蓝银底色漆、清漆、蓝色着色清漆、清漆。在维修涂装时,则需要按照以下三工序做法喷涂3层以获得和原厂漆同样的颜色效果。

(1)先喷涂蓝银底色漆。

(2)然后喷涂含有以下色母的珍珠色漆:

①中闪银。

②深紫、亮蓝两种纯色色母。

③中珍珠紫、幼珍珠蓝两种珍珠。

(3)再喷涂清漆。

还有一些汽车生产厂开发了高艳度红色面漆,其原厂漆的做法有类似于上面的蓝焰色的6层做法的,也有类似于下面的3层做法的,在维修涂装时,要按照以下所述三工序做法获得和原厂漆同样的颜色效果。

①先喷涂银粉或者珍珠色漆。

②然后喷涂着色清漆,着色清漆中添加有红色透明颜料色母,故艳度较高。

③烤干着色清漆后,无须打磨,喷涂罩光清漆。

这样的面漆效果鲜艳度高,非常特别。其喷涂、修补难度和三工序珍珠漆类似。

2. 不同面漆的喷涂难度

面漆的喷涂难度与面漆种类、颜色深浅、所含颜料,尤其是金属或者云母颗粒的含量高低有很大关系。其难度的次序依次为：

（1）单工序纯色面漆。

（2）双工序纯色面漆。

（3）双工序普通银粉漆、珍珠漆。

（4）双工序高难度银粉漆、珍珠漆。

（5）三工序面漆。

二、不同类型面漆的喷涂方法要点及质量要求

1. 单工序素色漆整板喷涂步骤及要点

（1）由于单工序素色漆为双组分，其固化剂含有异氰酸酯，活性炭防护口罩的击穿寿命比较短，故最好佩戴供气式防护面罩。另外需佩戴安全眼镜、乳胶手套、工作鞋。

（2）喷涂面漆前对工件表面进行除油、清洁，然后使用粘尘布粘去车体表面的灰尘、纤维等细小杂质，以减少面漆上的脏点。

（3）按照产品调配要求，添加合适的固化剂及稀释剂。固化剂、稀释剂一般都会分为慢干、标准、快干等多种类型，使用时要选择适合于环境温度及喷涂面积的固化剂、稀释剂。搅拌均匀后用专用面漆过滤网过滤并加入喷枪。素色面漆一般使用口径为 1.4mm 的上壶面漆喷枪或口径为 1.6mm 的下壶面漆喷枪喷涂。

（4）按照产品要求正确调配喷枪。通常喷枪扇面调整至 15～20cm，喷枪气压（枪尾气压）一般设置见表 4-12。

单工序素色漆整板喷涂气压设定　　　　表 4-12

喷枪	枪尾气压（kPa）
传统喷枪	300～400
低流量中气压喷枪	200～220
高流量低气压喷枪（HVLP）	180～200

具体喷枪设定参数需参照涂料厂商产品资料及喷枪厂商产品使用资料。

（5）喷涂面漆时，可先对中涂底漆部位喷涂 1～2 层，以预先遮盖中涂底漆。一般来说，大部分单工序素色面漆喷涂 2 层即可达到所需的涂膜厚度和遮盖力。但有些颜色使用的颜料较为透明，遮盖力相对较差，可能需喷 3～4 层，才能完全遮盖。每一层之间都需要闪干，连续喷涂过厚会导致溶剂挥发时产生溶剂泡、针孔、失光等缺陷。闪干时间通常需要 5～10min，与喷涂厚度、温度、湿度都有关，所以准确的现场判断方法是用指触工件相邻界面，比如遮蔽纸或工件架上的涂膜，然后再触碰工件上非重要位置的涂膜，当涂膜达到触干时即可喷涂下一道面漆。

（6）完成喷涂后，将喷枪等工具、材料拿出烤漆房，闪干 10min 左右后开始烘烤面漆，烤漆房由正常气温升至烘烤所需的 60℃需要一定时间，而通常来说，烤干单工序素色面漆需要工件表面达到 60℃后保持 30min，故设定烤漆房时间时应包括升温所需时间加上烘烤所需时间。

（7）烘烤完成后，在车漆尚未冷却前去除遮蔽纸、遮蔽膜、胶带，直接与漆面相接的胶带必须趁面漆未冷却就剥除，以免面漆完全冷却后，除去胶带时车身面漆涂膜与胶带表面涂膜

连在一起导致车身涂膜被剥落。其余的遮蔽纸、遮蔽膜则可以保留用于抛光时的保护。

2. 整板喷涂溶剂型双工序色漆要点

(1) 喷涂双工序素色漆、银粉漆、珍珠漆前须佩戴合适的防护用具：安全眼镜、供气式防护面罩或活性炭防护口罩、防溶剂手套、工作鞋。

(2) 按照底色漆调配比例要求，添加合适的稀释剂。搅拌均匀后，用专用过滤网过滤并加入喷枪。溶剂型双工序素色漆、银粉漆、珍珠漆一般使用口径为 1.3~1.4mm 的上罐式面漆喷枪或口径为 1.4~1.6mm 的下罐式面漆喷枪喷涂。

(3) 按照产品要求正确调配喷枪。整板喷涂时，一般喷枪扇面调整为 15~20cm，喷枪气压（枪尾气压）设置见表 4-13。

双工序色漆整板喷涂气压设置　　　　　　　　　　　　表 4-13

喷　　枪	枪尾气压
传统喷枪	遮盖涂层 300~400kPa 最后一层雾喷层 200kPa
低流量中气压喷枪	遮盖涂层 200~250kPa 最后一层雾喷层 150kPa
高流量低气压喷枪（HVLP）	遮盖涂层 130~180kPa 最后一层雾喷层 110~120kPa

具体喷枪设定参数需参照涂料厂商产品资料及喷枪厂商产品使用资料。

(4) 喷涂底色漆时，可先对中涂底漆部位喷涂 1~2 层，以预先遮盖中涂底漆。然后整板喷涂 2 层左右底色漆，每一层之间需要闪干 5~10min 再喷涂下一层，可以通过底色漆表面光泽判断，当表面光泽度降低至哑光时即可喷涂下一层，也可以指触工件上非重要位置的涂膜，当涂膜达到触干时即可喷涂下一道面漆。连续喷涂过厚会导致溶剂挥发时产生溶剂泡、针孔、失光等缺陷。

(5) 对于色漆涂膜中的脏点或者微小瑕疵，可在色漆完全闪干后，使用 P1000 精磨砂棉进行打磨处理，或使用 P1500~P2000 号水磨砂纸湿磨处理，然后再补喷色漆遮盖打磨位置。

(6) 最后喷涂一个控制层，又称雾喷层，以使颜色和原厂颜色最为接近。将喷涂气压参照上表调低，出漆量调小，一般是将出漆量旋钮往回转 1 圈左右。枪距拉远到 20~25cm，枪速放慢到 30~40cm/s。采用 1/2 重叠，均匀地雾喷一层。

有很多技术人员以为喷涂控制层的作用是为了纠正银粉、珍珠发花，事实上，喷涂控制层的作用是使颜色变浅，银粉、珍珠颗粒变粗，彩度降低，如图 4-22 所示，中间偏左位置有 3cm 宽度位置用胶带遮蔽，没有喷涂雾喷层，其余位置喷涂雾喷层，颜色有明显区别，说明了雾喷层的重要性主要在于调整颜色达到和原厂最为接近的效果。

3. 喷涂方式对双工序银粉、珍珠色漆颜色的影响

纯色面漆、银粉漆、珍珠漆中都含有纯色颜料，

图 4-22　喷涂雾喷层后的颜色变化

一般是直径10μm之内的颗粒,银粉漆中除了含有纯色颜料,还含有铝粉,尺寸通常为10~80μm,颗粒大,且铝粉在涂料中的分布是靠上还是靠下,排放方式是整齐排列平铺还是倾斜,正侧面反射光线的强度都会有很大不同,颜色就会有很大不同。珍珠漆则含有尺寸为10~100μm 的云母颗粒,反射、透射、干涉所产生的变色效果更加复杂和多样,和银粉漆一样,施工条件、喷涂手法、喷涂环境都能对银粉漆、珍珠漆颜色产生显著的影响。

喷涂按照不同的施工条件和手法可以归结为干喷和湿喷两种类型。

图4-23 所示是采用干喷后的颗粒排列,银粉或珍珠颗粒主要排列列在上层并且排列较平。

该种排列方式表现出的颜色效果为:正面相对较明亮,侧面相对较暗;银粉颗粒显得比较粗并且密度比较大;颜色彩度较低。

图4-24 所示是采用湿喷后的颗粒排列,银粉或珍珠颗粒主要排列在下层并且呈竖排。

图4-23 干喷的颗粒排列

图4-24 湿喷的颗粒排列

该种排列方式表现出的颜色效果为:正面相对较暗,侧面相对较亮;银粉颗粒显得比较细并且密度比较小;颜色彩度较高。

以上两种涂层的颜料排列效果图示例很好地解释了金属漆颜色取决于其涂膜内金属颜料和普通颜料的排列。施工条件、喷涂手法、喷涂环境对颜色会产生很大影响。如表4-14 所示,左侧的所有条件可归结为干喷,会造成银粉或珍珠颗粒按照图4-23 所示的方式排列;右侧的所有条件可归结为湿喷,会造成银粉或珍珠颗粒按照图4-24 所示的方式排列。

施工条件对银粉、珍珠颜色的影响　　　　　　　　　　表4-14

减少←——出漆量——→增加
增加←——气压——→减少
开大←——喷幅——→关小
远←——喷枪距离——→近
快←——走枪速度——→慢
延长←——闪干时间——→缩短
过稀←——稀释比例——→过厚
快干←——稀料各类——→慢干
小←——喷枪口径——→大
高←——温度——→低
低←——湿度——→高
增加←——空气流动——→减少

人工喷涂的银粉、珍珠色漆与原厂喷涂银粉、珍珠的效果相比往往相对较湿,银粉、珍珠颗粒往往都会有点下沉,导致与原厂漆相比,颜色会比较深一些,颗粒会比较细一些。故完全遮盖中涂底漆后,双工序银粉漆、珍珠漆需薄喷一个雾喷层以调整银粉、珍珠颗粒的排列,

使颜色与原厂漆效果类似。然后再闪干15min左右后喷涂清漆。闪干时间与喷涂厚度、气温、湿度都有关系,喷涂厚度较厚,气温较低,湿度较大时,油漆干燥速度减慢,须增加闪干时间。底色漆闪干时间不够充足就喷涂清漆,会导致清漆中所含溶剂溶解底色漆而出现银粉、珍珠发花、起云现象。

施工条件、喷涂手法、喷涂环境对颜色的影响是一把双刃剑,我们可能把相同的颜色喷成不同的颜色而导致色差,但是合适的喷涂手法又能将有一定差异的颜色喷涂到看不出色差,由于喷涂是决定颜色的最后一道工序,所以正确的施工条件、喷涂手法是确保颜色正确无色差的关键。

正因为施工条件、喷涂手法对颜色有影响,所以调色过程中比对所调颜色与目标颜色的差别,就一定要喷涂比色板来比色,而且,喷涂比色板一定要采用和喷涂车辆相同的手法和条件。比如说,比色板表面的中涂底漆颜色和车辆表面要一致,喷枪的调整、喷涂的手法都要保持一致,这样才能通过比色板真实地反映正在微调的颜色与目标颜色之间的差异,从而帮助我们调配出尽可能接近的颜色。

4.整板喷涂高难度双工序银粉、珍珠色漆要点

高难度银粉、珍珠色漆是指颜色配方中银粉、珍珠含量超过总量的60%,且颜色较浅,喷涂稍有不均匀就会颜色发花。这类颜色对于喷涂的厚度、湿度、均匀度比较敏感,枪速、枪距、重叠在某个位置稍有不同,就会导致颜色有深浅等差别,看起来就会发花。很多涂装技师喷涂颜色较深,银粉、珍珠含量不是很高,遮蔽力较深的银粉漆、珍珠漆时,颜色不会发花,但是一旦喷涂高难度银粉、珍珠色漆就会发花,原因其实是因为其喷涂的手法还不够稳定,枪速、枪距、重叠还不够统一一致。

掌握方法还是要先使用面积较小,例如60cm×40cm的平板,以本书所介绍的方法从1/2重叠开始练起,刚开始枪速较慢一些,待喷涂效果不发花时,继续练习3/4重叠或者2/3重叠。

5.整板喷涂三工序面漆要点

三工序面漆整板喷涂方法要点如下:

(1)整喷三工序底层底色漆,要确保颜色完全遮盖中涂底漆后再喷涂下一层。颜色越炫、越鲜艳夺目,遮盖中涂底漆难度就越大,所以要采用此面漆配方中指示的灰度的中涂底漆,或者在喷涂颜色层之前先喷涂一层灰度底色漆,否则,下面的中涂底漆的颜色还能通过颜色层透射出来,最终面漆的颜色就会不正确。

(2)当三工序面漆的底层底色漆是银粉漆或珍珠漆时,遮盖住中涂底漆后,要像双工序银粉漆、珍珠漆一样加喷雾喷层,使银粉、珍珠颗粒排列方式类似于原厂漆,避免银粉、珍珠颗粒下沉,排列不够平,导致颗粒较细、密度较小,颜色鲜艳度高于原厂漆。

(3)三工序珍珠面漆的珍珠漆喷涂时,较双工序珍珠漆喷涂的湿度要低一些,刚开始喷涂的涂装技师可以采用1/2重叠,以防止珍珠颗粒排列不均匀导致发花。

(4)喷涂遍数及喷涂湿度会影响最终面漆的颜色,一般来说,喷涂遍数多,喷涂湿度大,颜色就越鲜艳越偏深一些,例如,着色清漆随着喷涂厚度的增加,颜色会越深,鲜艳度会越高。

正是由于三工序珍珠漆或者着色清漆多喷一层和少喷一层,颜色会有很大差别,为了确

保颜色准确,喷涂车辆前应喷涂分色试色板比色。即在一个试色板上喷涂好颜色层后,分别喷涂2层、3层、4层珍珠色漆或者着色清漆,和车身相比较看喷涂了几层的颜色和车色比较接近,车身就喷涂几层。

(5)由于三工序珍珠喷涂层数较多,一定要保证每一层之间的闪干时间,否则会因为溶剂或者水性漆的去离子水挥发不足,造成后续清漆喷涂后出现起痱子、失光、变色乃至附着力不良。

6. 整板喷涂清漆要点

双工序底色漆及三工序底色漆喷涂完成后,再根据产品特性进行充足的时间闪干后,就可以继续喷涂清漆,清漆的作用是提供亮度,保证面漆的保护性、耐久性。整板喷涂清漆的喷涂步骤及要点如下:

(1)如同所有喷涂双组分涂料的安全要求,喷涂双组分清漆时须佩戴合适的防护用具:供气式防护面罩、防溶剂手套、工作鞋等。

(2)为了除去底色漆闪干过程中可能落在表面的灰尘,以及除去喷涂底色漆时的雾喷漆尘,喷涂清漆前可使用粘尘布清洁表面。但一定要在指触确定底色漆干燥后再进行清洁。

(3)按照所使用清漆的调配要求,添加合适的固化剂及稀释剂。搅拌均匀后,用过滤网过滤并加入喷枪。清漆一般适合于使用口径为1.3~1.4mm的上罐式面漆喷枪或口径为1.4~1.6mm的下罐式面漆喷枪喷涂。为了提高效率,建议使用免洗枪壶。

(4)将按照产品要求正确调配喷枪。整板喷涂清漆时,通常喷枪扇面调整至15~20cm,喷枪气压(枪尾气压)一般设置见表4-15。

整板喷涂清漆气压设置　　　　表4-15

喷　枪	枪尾气压(kPa)
传统喷枪	300~400
低流量中气压喷枪	200~250
高流量低气压喷枪(HVLP)	180~200

具体喷枪设定参数需参照涂料厂商产品资料及喷枪厂商产品使用资料。

(5)喷涂清漆时,通常的喷法是先以1/2重叠中湿喷涂一层,闪干5~10min,在工件相邻遮蔽纸或工件架上进行指触测试,所喷涂清漆达到触干时,再以3/4重叠全湿喷涂一层。两层之间的闪干时间非常重要,闪干时间过短会导致溶剂挥发时产生溶剂泡、针孔、失光等缺陷,但闪干时间过长,又会导致第一层涂膜过于干燥,第二层涂料无法和第一层涂膜有效联结,使涂膜出现流平性不佳、橘子皮重等缺点,亮度及饱满度受到影响。

(6)完成喷涂后,将喷枪等工具、材料拿出烤漆房,闪干10min左右后开始烘烤清漆,烤漆房由正常气温升至烘烤所需的60~80℃需要一定时间,而通常来说,烤干清漆需要工件表面达到60℃后保持30min,故设定烤漆房时间时需考虑这一因素,设定的时间应包括升温所需时间加上烘烤所需的30min。

(7)烘烤完成后,同喷涂单工序素色漆一样,在车漆尚未冷却前去除遮蔽纸、遮蔽膜、胶带,可以保留所需的遮蔽纸、遮蔽膜用于抛光时的保护,但直接与漆面相接的胶带必须趁面漆未冷却就剥除,以免清漆完全冷却后,除去胶带时车身面漆涂膜与胶带表面涂膜连在一起导致车身涂膜被剥落。

7. 局部修补溶剂型双工序色漆要点

车辆涂装维修时,对要维修的部件做整板喷涂,很容易导致的一个问题就是新喷的部件和相邻的部件有色差。原因是喷涂方式对双工序银粉、珍珠色漆颜色有很大影响,新喷部件的银粉、珍珠排列和相邻原有部件不同,加上清漆的新旧程度、鲜映性也有所不同,故导致维修后部件颜色和未维修的相邻部件颜色不同。为了避免这种问题,涂装修复的基本原则是色漆能够在一个部件内局部修补就不要整喷,这种部件内局部修补行业内一般称为"驳口"。

如果必须整喷,则可根据需要过渡到相邻部件。色漆整喷部件后,在相邻部件内做一个驳口,以使颜色看起来没有差异,这种喷涂方法行业内一般称为"过渡",在相邻部件上做驳口的喷涂技术和手法,和在维修部件内做驳口的喷涂技术、手法并无不同,但是由于相邻部件没有损伤,没有底漆,不必喷涂多遍色漆去遮盖底漆,所以喷涂的难度小于在维修部件上做驳口。

局部修补溶剂型双工序色漆的要点:

(1)当遮蔽边缘是密封条、饰条、把手等边界时,沿这些边界贴护。当需要在部件内进行局部修补时,可以沿分型线进行反向遮蔽,以避免形成面漆台阶,喷漆完成后,对漆雾进行抛光即可。反向遮蔽是指遮蔽纸由喷涂区域朝外反折,使遮蔽纸形成一个圆弧,以避免喷涂硬边。

(2)按照小修补的方法调整喷枪,喷枪扇面调整至 10~15cm,喷涂气压缩小至 100~200kPa,出漆量相应缩小。因为喷涂范围小,而且边缘要匀化过渡,所以枪速一般较快,枪速一般在 60cm/s 左右。

在起枪时,捏下扳机的同时以弧形移动喷枪,在喷枪移动到离开喷涂区域边缘的位置时应松开扳机,以保证底漆部位得到均匀遮盖,而喷涂区域外侧边缘位置的驳口区域涂膜逐渐变薄使颜色得到过渡,如图 4-25 所示。

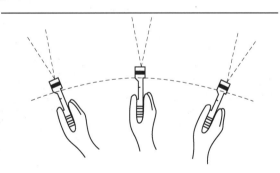

图 4-25 驳口修补时喷枪弧形移动喷涂

按照弧形走枪原则喷涂几层遮盖中涂底漆,每一层都要比前一层扩大且使边缘变薄,如果遮盖底漆时弧形走枪的范围过小或者厚度变薄不够,就会造成图 4-26 所示的色漆修补痕迹。

(3)当中涂底漆是使用可调灰度底漆时,面漆遮盖起来就比较容易,喷涂层数就可以减少,有利于驳口。否则,遮盖中涂底漆的喷涂层数很多,每层扩大后喷涂面积就大,扩喷时造成周边的漆尘也就越多,就不利于驳口修补。

(4)虽然驳口修补喷涂面积较小,每层之间仍需确保闪干时间,以色漆亮度消失或者可

图 4-26　色漆修补痕迹

指触为准。

(5)如果色漆颜色属于高难度银粉、珍珠漆,可选择使用喷涂底层清漆的方法。

底层清漆的调配需参照各厂商产品说明,一般是使用双工序调和树脂 1∶1 添加稀释剂;将底层清漆在修补范围薄喷 1~2 次,由于底层清漆干燥速度较慢,能防止驳口部位色漆喷涂较薄较干导致银粉、珍珠排列不均匀。

底层清漆也有填充打磨砂纸痕、利于色漆层喷涂的作用,但同时也会使颜色比不使用底层清漆变得较深一些。所以,是否使用底层清漆,要根据自己对先喷底层清漆再做修补这种方法的掌握程度,以及对比颜色样板和车身颜色看所调颜色如果已经较深,就应该慎用。也可以不使用底层清漆,依靠专业的手法向驳口部位做专门的匀化喷涂至没有过渡痕迹和色差。

就喷涂方法和技巧而言,各种不同难度的双工序银粉漆、珍珠漆并无不同,重点在于对喷枪调整、喷涂湿度、喷涂厚度、喷涂范围的掌握,使涂膜的厚度及喷涂范围在合理范围之内,而不是盲目扩大范围向外扫枪喷涂,这是修补时最常见的错误方法。

练习和提高双工序银粉、珍珠漆修补技巧要从较深、银粉含量较少的普通银粉漆开始练习,另外,保险杠、前翼子板这种带有弧度拐弯的部件相对比较好做,如图 4-27 所示。

如图 4-28 所示,通过良好的驳口技术,就能做到成功的银粉、珍珠修补,使修补补位完全不能看出。

图 4-27　翼子板前部损伤修补

图 4-28　翼子板前部银粉色漆成功修补

车门则难度较高,平面部位,如发动机罩、行李舱盖、车顶则最难修补,要按照以上从易到难的顺序逐步练习提高。

8.局部修补三工序面漆要点

相对于三工序面漆的整喷、双工序银粉漆的修补,三工序面漆修补技术难度更高。三工序面漆修补喷涂技术要点和步骤如下:

(1)喷涂底层底色漆,要点有:

①底层底色必须完全遮盖中涂底漆。要确保颜色完全遮盖中涂底漆后再喷涂下一层。颜色越炫、越鲜艳夺目,遮盖中涂底漆难度就越大,所以要采用此面漆配方中指示的灰度的

中涂底漆,或者在喷涂颜色层之前先喷涂一层灰度底色漆,否则,下面的中涂底漆的颜色还能通过颜色层透射出来,最终面漆的颜色就会不正确。

②每一层底层底色漆喷涂之前须确保上一层已充分干燥。

③喷涂范围应逐层扩大,向外延伸驳口喷涂,以使驳口部位色漆由厚变薄,颜色有均匀的渐变过渡。为了确保驳口区域平滑,可根据需要及自己对驳口稀释剂的使用熟练度,最后一次驳口时,对底层底色漆添加50%接口稀释剂进行驳口喷涂。

④当底层底色漆是银粉漆或珍珠漆时,遮盖住中涂底漆后,要像双工序银粉漆、珍珠漆一样,最后一层喷涂雾喷层,同时继续延伸驳口,使银粉、珍珠颗粒排列方式类似于原厂漆,避免银粉、珍珠颗粒下沉,排列不够平,导致颗粒较细、密度较小,颜色鲜艳度高于原厂漆。

(2)可根据自己对底层清漆的掌握熟练度及颜色需要决定是否喷涂底层清漆。如果需要,在喷涂底层底色漆之前,将底层清漆在修补范围薄喷1~2次,以防止驳口部位喷涂较薄较干导致珍珠排列不均匀,底层清漆同时具有填充打磨砂纸痕的作用,但也会使整体颜色较深一些。

(3)珍珠色漆驳口修补。根据喷涂制作分色样板时确定的需喷涂珍珠层数来喷涂,每一层珍珠层需扩大喷涂范围,向外做驳口延伸以使颜色得到充分过渡,消除颜色差异。

(4)对于底层底色漆上喷涂着色清漆的三工序面漆,须注意着色清漆也要像珍珠漆一样驳口修补,以使颜色均匀过渡延伸。每一层着色清漆喷涂完成后,都可以在驳口部位用喷枪喷涂一些驳口水,或者用自喷罐直接喷涂一些驳口水,以使驳口部位更加均匀平滑。修补部位喷涂过厚会使颜色较深且较鲜艳,反之喷涂过薄会使颜色较浅且不够鲜艳。

(5)根据自身习惯及掌握熟练度决定是否采用珍珠层浑浊喷涂的方法,即在珍珠层涂料中加入少量的底色层色漆,在喷涂珍珠层之前逐层扩大范围喷涂,使驳口部位增加两次添加了底色颜色的驳口过渡。浑浊珍珠层第1次混合比例:珍珠漆(已稀释):底色漆(已稀释) = 90%:10%,浑浊珍珠层第2次混合比例:珍珠漆(已稀释):底色漆(已稀释) = 99%:1%。确定三工序珍珠漆修补效果无误后喷涂清漆。须注意,各人喷涂手法及掌握程度不同,底层清漆及珍珠层浑浊喷涂方法是否会起到帮助作用因人而异,须多加练习、试验,确保自己能掌握后才可用于实际维修。

9. 局部修补清漆或单工序素色面漆

即使是整板喷涂清漆或者单工序素色面漆,很多车型的B柱由于和车顶相连,所以也不能整喷,只能驳口。驳口修补之前,为了确保驳口区域涂层的附着力,需要使用P2000精磨砂棉或使用灰色菜瓜布加水性研磨膏打磨清漆驳口区域,如图4-29所示。

也可以用这种方法打磨只喷涂清漆的区域,但是要注意这种方法的特点是速度快,但去除原漆面橘皮的能力就比较弱,所以当原漆面橘皮比较重时,这种方法就不适合。

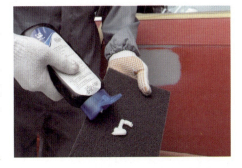

图4-29 使用灰色菜瓜布加水性研磨膏打磨清漆驳口区域

按照小修补的方法调整喷枪,喷枪扇面调整至 10～15cm,喷涂气压缩小至 100～200kPa,出漆量及喷涂气压都相应缩小。局部修补清漆或单工序素色面漆的要点及步骤:

(1)按照从小到大的原则喷涂修补区域,清漆第 1 层中湿喷涂于底色漆区域,单工序素色漆则喷涂于中涂底漆区域,经过 5～10min 的闪干后,第 2 层扩大并采用 2/3 重叠或者 3/4 重叠全湿喷涂,根据遮盖中涂底漆的需要,可继续扩大喷涂单工序素色面漆直至遮盖。

(2)以 1∶1 比例将驳口稀释剂与剩余清漆或单工序素色面漆混合,快速搅拌均匀后向驳口部位喷涂匀化,然后使用纯驳口稀释剂继续向驳口部位喷涂匀化至驳口部位合格。为了确保驳口这 2 次匀化衔接时间短,不会因为间隔时间长造成驳口区域过于干燥而不能很好地连接、匀化,需要另外准备一把喷枪专门用来喷涂纯的驳口稀释剂。为了高效,行业内也有自喷罐式驳口稀释剂,以方便使用,节约清洗喷枪的物料及时间。

(3)局部修补不适合于在车顶、发动机罩等平面位置做,因为这些部位的驳口位置会比较明显,利用喷涂及抛光要达到较高的漆面亮度及均匀美观的纹理比较难。一般来说,单工序素色面漆或清漆适合于在翼子板、保险杠、B 柱这些狭窄及有弧度的部位做局部修补驳口。使面漆干燥后通过抛光能够容易去除喷涂区域周围的雾喷虚漆及喷涂界线,达到良好的漆面效果。

(4)因为耐擦伤清漆硬度较高,接口部位很难打磨至光滑,抛光至和新喷漆面、旧漆面亮度一致而不抛穿,故耐擦伤清漆不适合于做局部修补。

10. 喷涂水性底色漆的步骤和要点

(1)安全防护。虽然水性漆有机挥发物(VOCs)含量低,但它仍然含有树脂、颜料、添加剂这些化学成分,在水性漆调色和喷涂时,仍有可能吸入有机气体,眼睛、皮肤接触到化学品,所以须佩戴规定的安全防护设备进行操作:仍需佩戴安全眼镜、活性炭防护口罩、耐溶剂手套、防静电工作服,安全鞋。

(2)清洁。喷涂水性底色漆前,须使用水性清洁剂和溶剂型清洁剂进行两次清洁。须参照涂料厂商在清洁剂方面的使用要求,有些厂商要求先使用水性清洁剂清洁工件表面,再使用溶剂型清洁剂清洁。清洁方法如前所述,可使用两块专用清洁布,一块清洁布沾湿清洁剂,擦拭工件表面,然后马上用另一块干清洁布擦干;也可以使用耐溶剂的塑料喷壶将清洁剂喷涂到工件表面,然后用一块干布清洁布擦干。使用清洁剂对工件表面进行清洁后,使用粘尘布粘去车体表面的灰尘、纤维等细小杂质,以减少面漆上的脏点。

(3)水性漆调配。按照产品调配要求,添加合适分量的水性漆稀释剂。与溶剂型底色漆不同,通常水性漆以质量比添加稀释剂,添加比例一般为 10%～30%。调配并搅拌均匀后,用水性漆专用过滤网过滤并加入水性漆专用喷枪。由于水性漆会溶解普通过滤网的粘结用胶水,故需要使用水性漆专用的 125μm 网眼的尼龙过滤网过滤。

(4)选择喷枪。按照产品要求及所使用的喷枪特性选择合适的水性底色漆喷枪,一般来说,水性漆使用口径为 1.2～1.3mm 的面漆喷枪喷涂,为了有利于环保及节约油漆,建议使用 HVLP 高流量低气压环保喷枪,按照产品要求及所使用的喷枪特性正确调配喷枪。

喷枪气压(枪尾气压)一般设置见表 4-16。

水性底色漆喷涂气压　　　　　　　表4-16

喷　　枪	枪尾气压
传统喷枪	第一遍（第二遍）遮盖涂层 300～400kPa 最后一层雾喷层 200kPa
低流量中气压喷枪	第一遍（第二遍）遮盖涂层 150～200kPa 最后一层雾喷层 120～150kPa
高流量低气压喷枪（HVLP）	第一遍（第二遍）遮盖涂层 120～150kPa 最后一层雾喷层 100～120kPa

如果需要局部修补水性底色漆，需按照小修补的方法调整喷枪，HVLP喷枪喷涂气压缩小至120kPa左右，出漆量及喷涂气压都相应缩小。

具体喷枪设定参数需参照涂料厂商产品资料及喷枪厂商产品使用资料。

(5)喷涂要点。纯色水性底色漆遮蔽力较好，通常喷涂一个双层即可；对于银粉或珍珠水性底色漆，先喷涂一个双层，再喷涂一个雾喷层。对于颜色遮盖力相对较弱的银粉或珍珠色漆，需喷涂2个双层，再雾喷一层。每喷涂一个双层后，都需要使用吹风筒以大约45°斜吹工件表面，将水性底色漆吹干至哑光状态，通常吹2～3min即可吹干。水性漆在温度25℃，相对湿度小于70%的情况下干燥速度最快。如果可能，可以在车间安装一个温度湿度计，以根据当时温度、湿度情况判断水性漆吹干所需时间。

如果需要局部修补水性底色漆，可按照从小到大的原则喷涂水性底色漆遮盖修补区域的中涂底漆。纯色水性底色漆遮蔽力较好，通常喷涂一个双层即可进行驳口过渡；对于银粉或珍珠水性底色漆，喷涂2～3层遮盖中涂底漆，遮盖的同时向外驳口匀化。层与层之间需使用吹风筒以约45°角斜吹工件表面，将水性底色漆吹干至哑光状态。完全遮盖后，视驳口区域匀化的状况继续做一下匀化，以使颜色过渡到完全匹配。

有些涂装技师在油性底色漆驳口时习惯于使用驳口清漆，水性底色漆修补也可在底色漆遮盖中涂底漆后，在驳口部位喷涂添加20%等离子水的水性漆控色剂作为驳口清漆，它可以填充砂纸痕，使色漆容易遮盖，能防止色漆修补接口部位喷涂过干产生黑边，或造成发花缺陷，但由于水性底色漆流平较好，不易导致喷涂过干，修补本身较油性底色漆容易，故是否使用驳口清漆要视技术人员的掌握程度而定。

(6)缺陷打磨。喷涂底色漆吹干后如发现尘点，可用P1000海绵砂纸或者精棉砂纸打磨，打磨好之后，在打磨区再补喷一层水性底色漆。

三、面漆喷涂技能评估

我们从两个方面评估面漆评估技能，一个是面漆喷涂过程，见表4-17，另外一个是面漆喷涂后结果，包括银粉效果，清漆效果，面漆表面缺陷，由于做底效果也要在喷涂面漆之后才能评价，所以做底效果也包括在这里，每一个评估表满分均是100分，以准确衡量涂装技师每一个方面的表现。

面漆喷涂过程评估表 表4-17

步骤	规范做法要点	扣分原则
安全防护	(1)调配、喷涂时全程佩戴防护眼镜、工作帽、安全鞋、工作服、活性炭过滤式口罩、乳胶手套和耳塞	(1)每次防护用品佩戴错误或未佩戴扣5分； (2)丢失、借用一种，扣10分 (1)短时间摘除眼镜检查工件或擦干净眼镜不扣分； (2)短时间摘下手套触摸检查工件表面不扣分
	(2)搬运工件时应佩戴手套：喷涂面漆前搬运应佩戴棉纱手套或乳胶手套搬运；为了防止沾染油漆，喷涂后应佩戴乳胶手套搬运	每次佩戴错误或未佩戴，扣5分
粘尘	(1)喷涂前对工件粘尘	喷涂开始前未对工件粘尘扣10分
	(2)粘尘布使用方法正确，粘尘布需充分展开后，再叠起来或者团起来对喷涂区域进行粘尘	未充分展开粘尘布即对喷涂区域进行粘尘扣3分（叠起来还是团起来不评分）
	(3)工件喷涂前清洁	(1)粘尘完毕，喷涂前仍有残留研磨灰尘（裁判须佩戴乳胶手套指触确认），整板，扣20分； (2)其他情况，根据面积和程度扣5~20分； (3)每外侧2分
喷涂过程	(1)对磨穿裸露金属部位施涂侵蚀底漆	包括第一折边外侧，未使用侵蚀底漆，每1cm裸露金属扣3分
	(2)没有使用喷枪吹水性漆表面，没有使用吹风筒或喷枪吹清漆表面	使用喷枪吹水性漆表面，使用吹风筒或喷枪吹清漆表面，一次扣5分
	(3)喷涂过程中无补喷缺陷操作；非补喷缺陷不扣分	为了解决擦伤、碰伤、鱼眼，喷涂过程中补喷，每位置扣10分
5S	(1)产品包装盖盖好	(1)每一种错误扣除3分； (2)碰洒包装罐中油漆类物料，喷洒喷枪中物料，包括因不会使用免洗枪壶导致洒漆，扣30分（可以补充物料以供喷涂）
	(2)工具(喷枪、吹风筒)没有放在地面上，使用完毕，工具、工作位恢复原状；气管归位	

车辆在喷漆车间完成修补涂装施工后，不同于汽车制造厂，由于没有检测仪器和各种特殊设备，检验涂膜质量故往往需要以目测法检验，即在日光下或标准光源下与标准板比较，或者观察涂膜外观来检验涂膜效果。常见的涂膜最终外观效果检测项目一般有以下几方面：

①光泽度（亮度）。涂膜的光泽是涂膜表面受光照射时光线向一定方向反射的能力，也称镜面光泽度，一般可在侧面观察。对于修补涂装后的车辆可以很直观地在侧面目测观察前后板块（如前车门和后车门）的光泽，对比光泽度是否饱满、一致。

②鲜映性（Distinctness Of Image gloss，DOI）。鲜映性反映的是光泽、橘皮和雾影的综合效果，是与涂膜的平滑性和光泽依存的一种特性，是涂膜外观装饰性能中的一个重要性能。鲜映性（DOI）可以用鲜映仪PGD测量，但由于鲜映仪采用肉眼来区分0~13个等级，仍带有许多主观因素，因此测量仍是半定量的。

鲜映性不良的一般表现为涂膜表面影像(如人脸、手表指针等)不清晰。鲜映性的好坏可通过直观目测对比修补涂装后车辆的相邻板块(如前车门和后车门)的成像清晰度来进行评价。

③纹理。纹理一般称之为橘纹,是指涂膜表面有类似橘皮状纹理。通常是喷涂技术不良、喷涂距离太远或太近、涂层喷得过厚或过薄造成。原装涂膜和修补涂膜都或多或少存在橘纹,对于修补涂装后的车辆可以很直观的通过目测检查前后板块(如前车门和后车门)的橘纹是否一致来进行评价,在漆面上找到反射光源(可以使用双管荧光灯或太阳灯),观察对比反射光的清晰度,流平性较差时,荧光灯管的影像看起来会比较模糊,荧光灯的边界线会有较大程度地扭曲;流平性较好时,荧光灯的影像看起来会比较清晰,荧光灯的边界线较平直,橘皮较不明显。

纹理还可通过"涂膜表面纹理标准板"来测量,涂膜表面纹理标准板按照橘纹从差到好分为 1~10 十个等级,测试时通过将测试板和 1 号~10 号标准纹理板进行比较,以此来确定纹理值大小。

④平整度、线条。对于经过原子灰、中涂底漆施工后的漆面应检查其表面平整度,以及板件上原有的线条是否恢复原样,是否保持原有的弧度或线型。可通过目测检查,从工件侧面借助光线观察板件表面最为有效。

⑤其他缺陷。在明亮的光源下(通常为 600~1000lx),通过目测检查的方法,从正面及各侧面对修补涂装后的涂膜表面进行仔细观察,存在于涂膜表面或底层的缺陷大多都会在某一个角度非常明显的显现出来,如砂纸痕、原子灰印、脏点、流挂、露底、咬底、银粉发花、起泡、鱼眼等。好的涂膜外观的表现简单来讲即为恢复原状,没有修补痕迹,没有缺陷。

做底效果评估表见表 4-18。

做底效果评估表 表 4-18

评分项目	扣 分 原 则	
(1)打磨方法不当造成的凹凸不平; (2)原子灰印(工件表面本身原有凹凸不平不计分); (3)印痕(如手指打磨造成印痕、底漆硬边印痕等); (4)砂眼; (5)咬底(咬边)	第一折边外侧无须评分。评分时需要将所有工件置于相同高度、相同亮度的相同位置评分。3人一组共同评分,2人意见一致通过	
	(1)明显类:任何角度包括正面明显可见左侧描述缺陷,包括印痕或凹凸不平,无法交车	(1)除砂纸痕之外缺陷,扣 100 分; (2)砂纸痕及未磨除的板件原有缺陷,最长边每厘米扣 20 分; (3)原子灰上残留鱼眼,按照分布范围,最长边每厘米扣 50 分
	(2)较明显类:正面不明显,但侧面较明显(参考判断尺度,在不知道位置的情况下,2s 内即可看出),无法交车	扣 50~90 分,根据深度、明显程度,5分一级;砂纸痕及未磨除的板件原有缺陷,最长边每厘米扣 10 分
	(3)不明显类:在知道位置的情况下,侧面角度仔细可看出(参考判断尺度,30°角以下角度,变化角度仔细看方可看出),可交车	视明显程度及面积大小扣 10~40 分;以不平整区域最长边的厘米数作为参考,每 1cm² 扣 1 分;例如,不平整区域为 2 处,1 处 10cm²×2,另 1 处 5cm²×3,即 35cm²,则扣 35 分;最上限扣 40 分
		砂纸痕及未磨除的板件原有缺陷,最长边每厘米扣 2 分,最上限扣 40 分

银粉、珍珠喷涂效果评价见表4-19。

银粉、珍珠喷涂效果评价表   表4-19

评分项目	扣 分 原 则	
	评分时需要将所有工件置于相同高度、相同亮度的相同位置评分	
正面及第一折边 (1)底色漆露底; (2)正面由于喷涂方法不一致颜色不同; (3)起花(起云); (4)修补痕迹; (5)流挂; (6)其他所有可见色漆存在的缺陷,包括粘尘不当或擦伤导致的缺陷,中涂底漆粗糙橘皮未打磨去除导致的银粉排列不均	(1)明显类,行业不可接受。正面或侧面可明显看出(参考判断尺度,大部分人员包括非专业人士3s内即可看出),无法交车; 露底(需从较强光线下检查是否露底)、颜色不同、流挂只能归于明显类	面积小于20cm² 时,扣50~70分;否则扣80分
		第一折边明显缺陷,如露底等,每1cm扣2分,最多扣30分
	(2)较明显类,行业内接受度50%左右。某1个角度可看出,大部分人包括非专业人士在告知位置情况下仔细可看出	正面,每1cm² 扣0.5分,最高扣60分
		第一折边明显缺陷,如露底等,每1cm扣0.5分,最多扣20分
	(3)不明显类,行业内接受度100%,某侧面角度仔细可见除了露底、颜色不同、流挂缺陷之外的缺陷(参考判断尺度,非专业人士在告知位置情况下难以看出或认为完全可以接受),较不明显,可交车	正面,每1cm² 扣0.2分,最高扣30分
		第一折边,每1cm扣0.2分,最多扣10分
与目标色板颜色近似度	上一项未扣完满分时,用目标色板和无缺陷位置比色 (1)正侧面都很接近,边对边对比无色差,不扣分; (2)比较接近,有微小差别,可边对边交车,扣5~10分; (3)比较接近,有微小差别,边对边无法交车,能够过渡喷涂,扣20~30分;根据排名,由最佳一名起,每排名靠后一名,扣1分; (4)差距更大,过渡无法解决,看起来要继续微调才可过渡,扣50~60分,根据排名,由最佳一名起,每排名靠后一名,扣1分; (5)差距过大,不像是同一颜色,需要大量色母才能微调,扣80分	

清漆喷涂效果评价表见表4-20,这个评价方法适合于涂装维修行业在没有仪器的情况下评价面漆表面光泽度及鲜映性,包括流平、橘皮纹理表现。

第四章 汽车车身金属工件涂装修复

清漆喷涂效果评价表　　　　　　　　　　　　　　　　表4-20

评 分 项 目	扣 分 原 则	
（1）清漆均匀度； （2）流平； （3）饱满度； （4）光泽 （不评价本项没有注明的其他缺陷，例如漏喷、清漆表面的缺陷、清漆垂流、鱼眼、起痱子等）	工件（不含第一折边）正面流平、均匀度、光泽、饱满度，按照等级扣分； 漏喷区域此处不能再次评分；板面上同时存在2个以上等级时（最长边小于2cm的小面积区域不计），将等级求平均值后确定扣分	1级，扣0分（从纹理、流平方面而言，可以不抛光完美交车）
		2级，扣10~15分（行业内专业人员可接受直接交车，小于25%面积抛光后完美）
		3级，扣25~30分[行业内专业人员很难接受直接交车，抛光后可交车。大面积（50%以上至75%需抛光，扣25分；75%以上需抛光，扣30分）]
		4级，扣40~45分[本身不可交车，非专业人员较难接受直接交车，抛光后可以接受，但抛光易于抛穿（导致重喷）部位1~3处且主要处于边缘]
		5级，扣55~65分[非专业人员不能接受直接交车，无法抛光解决（抛光易于抛穿导致重喷部位4处以上且主要位于正面）]，需整板重喷时，扣65分；不合格区域小于50%时，扣55分

面漆表面缺陷评价见表4-21。

面漆表面缺陷评价表　　　　　　　　　　　　　　　　表4-21

评 分 项 目	扣 分 原 则	
清漆表面缺陷 同一部位不能同时扣返工及抛光分数，例如：需重喷部位不再扣需抛光分数； 脏点不扣分，除非是非正常原因造成的板面上大量不正常脏点； 第一折边垂流和外侧垂流区别判定，距第一折边中心位置2mm以内属于第一折边垂流，小灯孔周边清漆厚边不扣分，下侧垂流在边线0.5cm之内不扣分	（1）第一折边（含）及正面，起泡、针孔、印痕（含碰伤）、清漆垂流（色漆流挂不在此项扣分）、漏喷（无清漆）或喷涂过薄（清漆未成膜，无法交车）等需要返工重喷清漆的缺陷	每种左侧缺陷扣10分，在此基础上根据下面标准加扣
		（1）缺陷分布在整板，扣50分
		（2）缺陷分布面积75%~99%扣40~49分
		（3）缺陷分布面积50%~74%，扣30~39分
		（4）缺陷分布面积25%~49%扣20~29分
		（5）缺陷分布面积20cm×20cm左右，扣20分
		（6）缺陷分布面积10cm×10cm左右，扣15分；板件第一折边形成不能以抛光去除泪痕，归于此档，每1cm扣1分
	（2）第一折边（含）及正面，可抛光缺陷（如缺陷轻微，无须打磨即可抛光，则扣分需减半）：轻微鱼眼、起泡、针孔、印痕（含碰伤）、垂流（边角或板面上厚但未垂流或轻微垂流等抛光后即可交车的缺陷。鱼眼、烘烤后溶剂泡只归于此档）	每种左侧缺陷扣5分，在此基础上根据下面标准加扣
		（1）需整片抛光，扣20分
		（2）需抛光75%~99%面积，扣15~19分
		（3）需抛光50%~74%，扣10~14分
		（4）需抛光25%~49%面积，扣5~9分
		（5）需局部点抛（2.5cm之内为一点），每点扣1分；板件第一折边有厚边（30°以上角度明显可看出）但未形成泪痕，归于此类：每4cm扣1分
		无须抛光，满分

对于工件在安装后仍可见的外侧部位,主要评价色漆、清漆是否漏喷,评价表见表4-22。

外侧部位色漆、清漆评价表　　　　表4-22

评分项目	扣分原则
第一折边外侧部位底色漆及清漆喷涂结果: (1)底色漆无明显露底(漏喷)、明显流挂;发花、不明显露底、流挂不扣分; (2)清漆无漏喷;满足2个条件为清漆漏喷:手触粗糙且目测哑光(光泽度50%以下)。薄喷、光泽度低(光泽度50%以上)、流挂,不扣分	底色漆明显露底、明显流挂,每1cm(按最长边计算)扣1分;最多扣30分
	漏喷(无清漆或清漆未成膜),每1cm(按最长边计算)扣1分;哑光,每1cm扣0.5分;最多扣30分

第五节　抛　光

知识要求

1. 抛光前打磨流程(初级技能);
2. 抛光工艺流程(初级技能);
3. 抛光材料知识(初级技能);
4. 深色面漆抛光前打磨工艺(中级技能);
5. 深色面漆抛光工艺流程(中级技能);
6. 深色面漆抛光材料知识(中级技能);
7. 耐擦伤清漆知识(高级技能);
8. 耐擦伤清漆抛光材料知识(高级技能);
9. 耐擦伤清漆抛光工艺(高级技能);
10. 清漆局部修补接口抛光工艺、相关材料知识(技师技能);
11. 单工序素色漆局部修补接口抛光工艺、相关材料知识(技师技能)。

技能要求

1. 能使用打磨垫、打磨机及砂纸等打磨辅料完成抛光前打磨(初级技能);
2. 能使用抛光机、抛光盘及抛光蜡去除浅色面漆面脏点、橘皮等缺陷(初级技能);
3. 能使用双动作打磨机、打磨垫及砂纸等打磨辅料打磨深色面漆(中级技能);
4. 能使用抛光机、抛光盘及抛光蜡,能去除深色面漆面脏点、橘皮等缺陷(中级技能);
5. 能使用双动作打磨机及干磨砂纸等打磨辅料完成耐擦伤清漆抛光前打磨(高级技能);
6. 能使用抛光机、抛光盘及抛光蜡去除耐擦伤清漆面漆面脏点、橘皮等缺陷(高级技能);
7. 能使用双动作打磨机及干磨砂纸等打磨辅料完成清漆接口抛光前打磨(技师技能);
8. 能使用抛光机、抛光盘及抛光蜡将清漆接口位置抛光至无修补痕迹,同时去除漆面脏点等瑕疵(技师技能);

9. 能使用双动作打磨机及干磨砂纸等打磨辅料完成单工序面漆接口抛光前打磨(技师技能);

10. 能使用抛光机、抛光盘及抛光蜡将单工序面漆接口位置抛光至无修补痕迹,同时去除漆面脏点等瑕疵(技师技能)。

一、抛光的目的

1. 抛光的目的、作用

抛光的目的:

(1)消除漆面上的尘点颗粒、轻微流痕、橘皮、细微砂纸痕迹、划痕等小的缺陷。

(2)消除局部喷涂时飞落于旧涂面的漆尘。

(3)处理新旧涂膜交界处的过渡区域,使新旧漆面效果一致。

(4)增加涂膜的光泽度与平滑度,使漆面纹理统一,光泽度、饱满度、平滑度美观一致。

(5)旧涂面翻新。汽车表面长期受到阳光、风沙、雨雪、温差等不良环境影响,涂膜受到的侵蚀程度复杂多样。这些侵蚀只靠简单的清洗无法将其消除,而要通过打磨和抛光的作用来消除涂面的缺陷,使涂面重新变得光滑、靓丽。

2. 美容打蜡与抛光的区别

打蜡的目的是让美容蜡在涂膜表面形成一层薄的保护膜,减轻外界因素对涂膜的影响和破坏,同时蜡膜的光泽能提高涂膜的光泽度。故打蜡的作用在于保护,而抛光的作用是去除缺陷及补救。在美容店及汽车维修企业,往往是先抛光去除缺陷,再在汽车表面打蜡,两种操作都会做。

二、抛光工具

1. 抛光机

抛光机有电动式抛光机和气动式抛光机两种。电动式抛光机的优点是不会受到压缩空气不足或者没有气源的影响。气动式抛光机则相对较轻且使用寿命更长,使用压缩空气作为动力,比使用电源作为动力相对更为安全。

抛光机根据旋转方式可分为单动作抛光机和双动作抛光机,双动作抛光机的切削力较小,研磨力度小,切削、抛光效率比单动作抛光机低,但抛光效果更为平滑。

2. 抛光轮

常见抛光轮按照材料的不同可分为两种:羊毛轮,研磨力强,一般用于粗抛光;海绵轮,研磨力较小,一般用于细抛光。

抛光轮一般分为3种颜色:白色,一般做粗抛光轮;黄色,一般做细抛光轮;黑色,一般做精细抛光轮。

三、抛光的要点

1. 抛光前遮蔽

为了防止抛光前打磨及抛光时损伤相邻工件或者其他车身部件,以及为了防止抛光蜡飞到玻璃等其他车体表面上增加后续清洁工作量,需要对这些部位进行遮蔽保护。故面漆完成后,对于可以保留的遮蔽材料应尽量保留至抛光使用,不要全部去除。

2. 抛光安全防护

为防止吸入抛光时产生的微细粉尘、颗粒,抛光时应佩戴防尘口罩、防护眼镜、安全鞋;如果抛光前打磨采用干磨,打磨时同样须佩戴防尘口罩。

3. 打磨缺陷部位

打磨前应确保新喷漆面已经完全干燥,非快干型的双组分涂料应在喷涂后经过60℃烘烤30min(金属表面温度),待漆面温度冷却后,或自然干燥24h左右后进行抛光,具体需要根据所使用产品的说明书确定。

打磨砂纸型号需参照不同砂纸厂商要求。通常可以用海绵打磨垫配合P1000水磨砂纸打磨缺陷部位,然后再用P1200水磨砂纸和P1500水磨砂纸打磨。也可以使用偏心距小于3mm的双作用打磨机配合P1000精磨砂棉、P2000精磨砂棉、P4000精磨砂棉打磨缺陷,把流痕、脏粒、轻微划痕打磨平整,使缺陷被打磨去除,但一定要注意不能磨穿涂膜,否则就需要重新喷涂。

面漆颜色越深,打磨砂纸痕就越明显,故对打磨砂纸就要求越细。且更要小心,水磨砂纸所使用的水桶是否干净,不要因为砂纸沾上了之前的粗的打磨粉尘或小沙砾而导致漆面有粗的划伤无法抛除。无论是使用水磨砂纸还是精磨砂棉,由于水桶较易被污染,故使用喷壶喷水是一个比较安全洁净的方法。

由于车身表面存在弧度,且缺陷部位往往面积不大,所以使用小型打磨机及抛光机进行点打磨、点抛光是一个非常高效且低成本的方法(图4-30)。

图4-30 抛光前使用点磨机打磨

4. 粗抛

清洁表面,将抛光机的转速调至1000~1500r/min,安装好白色羊毛轮,将粗抛光蜡均匀地涂于工件表面上,用羊毛轮将抛光蜡手工抹开至均匀,然后将抛光机的羊毛轮以15°角度贴在漆面上后开动抛光机,可以稍微加点压力,或者完全利用抛光机自身的质量,在漆面上来回移动抛光,刚开始粗抛时,为了快速抛掉打磨砂纸痕,可以增加点压力,这样一来对漆面的摩擦力增加,切削作用也会增大,一次抛光面积不宜过大,约为60cm×60cm即可,以免抛光蜡中乳液挥发干结在工件表面,抛光时划伤漆面。抛光时要特别注意棱线、棱角及高出平面的部位,这些部位抛光时抛光轮接触压力会较其他部位大,容易磨穿涂膜。

5. 细抛

当漆面用粗抛光蜡完成抛光后,漆面的打磨砂纸痕已经去除,漆面呈现部分光泽。此时需要用细抛光蜡消除粗抛光轮所产生的细小抛光轮痕迹,使漆面更平滑、光亮。用干净的软布擦净前道抛光残留物,摇匀细抛光蜡,将其均匀涂于工件表面,此时应将抛光机转速调整到1500~2000r/min,按照粗抛光类似的方法均匀移动抛光,但因为抛光机转速高,双手对抛光机所施加的压力应该尽可能小一些。为了降低工件表面温度,也为了使抛光效果更平滑,在细抛的后期阶段,可以用喷壶往工件表面上喷一点水来抛光。对于抛光机难以进行抛光的部位,可以使用专用抛光软布进行手工抛光,直到漆面抛亮。完成抛光后,使用干净的软布擦净涂面。

6. 深色面漆精细抛光

深色漆面如黑色、红色漆面,因为反光较强,容易看出表面经过细抛光蜡抛光后的抛光轮转动痕迹,所以还需要继续使用更细的抛光蜡及黑色海绵轮对漆面继续进行精细抛光,以消除前一道抛光蜡抛光后所造成的抛光痕迹。

四、抛光单工序素色面漆接口及清漆接口要点

单工序素色面漆接口及清漆局部修补的接口边缘部位涂膜较薄,抛光的难度在于:第一,要将这个部位抛光至亮度和新喷漆面、旧漆面完全一致;第二,要非常小心,防止修补区域边缘被磨掉及抛掉产生台阶状边界,如果一旦产生台阶,修补接口抛光就完全失败了,只能重新打磨喷涂色漆及清漆,如图 4-31 所示。

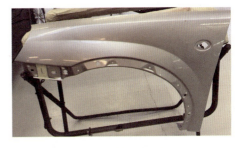

图 4-31 清漆局部修补抛光界限

1. 抛光前打磨

用喷壶喷水,用 P1200 水磨砂纸和 P1500 水磨砂纸,或者用 P2000 精磨砂棉、P4000 精磨砂棉精细打磨。打磨方向要从新喷部位向旧漆面部位单向小心打磨,在尽可能保留接口处新喷涂膜的前提下磨去粗糙漆尘及磨轻橘皮。

2. 抛光

对接口部位使用小型抛光机进行抛光。为了防止白色羊毛球配粗抛光蜡将接口部位抛穿,可直接从海绵轮配细抛光蜡开始抛光,抛光方向也要从新喷区域向旧漆面区域单向抛光,抛光力度不宜过大。细抛光蜡抛光后如果接口区域还达不到和新喷区域、旧漆面区域的亮度那么统一,继续使用更细的抛光蜡和黑色海绵轮对接口区域进行抛光。

五、抛光耐擦伤清漆要点

耐擦伤清漆由于表面硬度较高,较难打磨,故抛光难度也相应加大。耐擦伤清漆抛光的要点如下。

1. 抛光前打磨

一般来说,耐擦伤清漆干燥时间越长,就越难打磨,通常最好在 24h 内打磨及抛光,具体请参考具体的产品说明书说明。耐擦伤清漆抛光前打磨最好使用干磨机打磨,可使用偏心距 2.5~3mm 的双动作打磨机,安装中间软垫,使用 P1000 精磨砂棉、P2000 精磨砂棉、P4000 精磨砂棉依次打磨。如果需打磨面积较小,则使用点磨机。

2. 抛光

耐擦伤清漆干燥时间越长,抛光难度就越大,如超过 24h 后抛光,则要使用白色羊毛轮配粗抛光蜡,如发现抛除打磨砂纸痕效果不理想,可以更换一种切削能力更强的抛光蜡进行抛光。

六、抛光效果评价

抛光效果评价见表4-23,满分100分。

抛光效果评价表　　　　　　　　　　　表4-23

是否还存在可抛光缺陷:砂纸痕、抛光痕、橘皮、轻微失光(缩光)、鱼眼、起泡、针孔、印痕(含碰伤)、垂流(此项目只评价需再次抛光的清漆缺陷,但不含严重、不可抛光脏点等不可抛光缺陷)
无须再抛光满分;导致需再次局部点抛每点扣5分,需再次抛光25%~49%面积扣20~29分;需再次抛光50%~74%面积扣30~39分,需再次抛光75%~99%面积扣40~49分,需再次整片抛光扣50分。如缺陷轻微至无须打磨即可抛光,则扣分减半;以上评分上下限视流平、均匀度程度而评分。如抛穿,抛光分数全扣

第五章 汽车车色调色

第一节 调色方法及流程

知识要求

1. 面漆配方的查询方法（高级技能）；
2. 单工序素色漆喷涂样板方法（高级技能）；
3. 普通银粉漆喷涂样板方法（高级技能）；
4. 多角度判断银粉色漆颜色色差方法（高级技能）。

技能要求

1. 能使用色卡、计算机查配方系统查找出最接近的素色、普通银粉色漆颜色配方（高级技能）；
2. 能调配出素色、普通银粉色漆（高级技能）；
3. 能选择正确灰度的样板（高级技能）；
4. 能使用喷枪喷涂素色面漆样板（高级技能）；
5. 能使用喷枪喷涂普通银粉色漆样板（高级技能）。

一、颜色微调的重要性

每辆汽车颜色都有汽车生产厂编定的色号，通过这个色号就可以查到涂料生产厂商为每个色号制作的修补漆颜色配方，但由于以下原因，车辆修补时往往需要对按照配方调出的色漆进行微调，以确保涂装维修后的车辆颜色准确：

(1) 不同批次新车颜色有一定差异。
(2) 车辆受到外界天气、环境因素的影响，颜色会有一定变化。
(3) 不同涂装人员的喷涂手法存在差异。

调色工作非常重要，好的调色技师，乃至既能调色又能喷涂的技师，在汽车涂装维修行业内非常受欢迎。

二、调色要点

对于溶剂型色漆，调色步骤及要点如下：

(1) 安全防护。调色时需佩戴安全眼镜、活性炭防护口罩、乳胶手套、防静电工作服、安全鞋。

（2）调色环境颜色。调色时不要穿着色彩鲜艳的工作服,因为色彩鲜艳的衣服会把光反射到涂料上,影响正确判断颜色;也不要在鲜艳的地面、墙壁、窗帘附近比较颜色。调色时周围的环境最好是无彩色即灰色,调色间的墙壁、地面、窗帘最好都使用浅灰色,参考颜色为潘通色 K30,或灰度 G3 的颜色。

（3）查找原厂颜色代码。大部分汽车制造厂商都会在车身上安装一个金属或者其他材质的标牌,在标牌上注明色号。不同的汽车标牌贴在车内不同的位置上。常见汽车色号牌位置如图 5-1 所示。

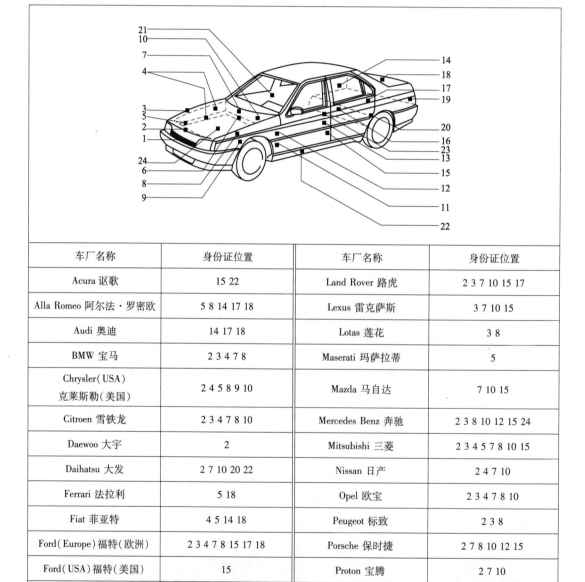

车厂名称	身份证位置	车厂名称	身份证位置
Acura 讴歌	15 22	Land Rover 路虎	2 3 7 10 15 17
Alla Romeo 阿尔法·罗密欧	5 8 14 17 18	Lexus 雷克萨斯	3 7 10 15
Audi 奥迪	14 17 18	Lotas 莲花	3 8
BMW 宝马	2 3 4 7 8	Maserati 玛萨拉蒂	5
Chrysler(USA) 克莱斯勒(美国)	2 4 5 8 9 10	Mazda 马自达	7 10 15
Citroen 雪铁龙	2 3 4 7 8 10	Mercedes Benz 奔驰	2 3 8 10 12 15 24
Daewoo 大宇	2	Mitsubishi 三菱	2 3 4 5 7 8 10 15
Daihatsu 大发	2 7 10 20 22	Nissan 日产	2 4 7 10
Ferrari 法拉利	5 18	Opel 欧宝	2 3 4 7 8 10
Fiat 菲亚特	4 5 14 18	Peugeot 标致	2 3 8
Ford(Europe)福特(欧洲)	2 3 4 7 8 15 17 18	Porsche 保时捷	2 7 8 10 12 15
Ford(USA)福特(美国)	15	Proton 宝腾	2 7 10
GM(Color codes) 通用(U 色号)	2 7 10 12	Renault 雷诺	3 7 8 10 15

图 5-1

车厂名称	身份证位置	车厂名称	身份证位置
GM(Wa Numbers)（通用）(Wa 色号)	16 18 19 20 21	Roll Royce 劳斯莱斯	3 5
Honda 本田	15 22	Saab 萨博	3 8 10 15 17
Hyundai 现代	2 7 10 15	Seat 喜悦	3 8 17 18
Infiniti 英菲尼迪	7 10	Skoda 斯柯达	8 10 17
Innocenti 依诺森蒂	22	Ssangyong 双龙	12 15
Isuzu 五十铃	2 7 10 13 15	Subaru 斯巴鲁	2 7 8 10 11 15
Iveco 依维柯	5	Suzuki 铃木	7 10 11 17 20 23 24
Jaguar 捷豹	2 4 5 15	Talbot 塔尔伯特	2 3 4 7 8 9
Kia 起亚	15	Toyota 丰田	3 4 7 8 10 11 12 15 17 23
Lada 拉达	4 5 8 17 18 19	Volvo 沃尔沃	2 3 7 8 10 11 12 15
Lamborghini 兰博基尼	18	VW/vokswagen 大众	1 2 3 7 8 14 17 18 19
Lanchia-Autobianchi 蓝旗亚	4 5 18	Yugo/Zastava 红旗	2 3 5 18

图 5-1 常见汽车色号牌位置

（4）选择颜色配方。查到色号后，从色卡中找出这个色号的颜色色卡，和车身比对选择最接近的一个色卡，并依据色号查找该颜色的最接近配方。每一个颜色都有一个标准色（No.1）配方及一个或多个差异色配方，标准色配方是依据该车色最早被应用时的原厂颜色制作，如本节开始时所述，不同年代、批次的车辆，虽然是同一个色号，但实际上会存在多种差异色，涂料厂商会不断开发不同的差异色配方，故选择配方时切不要以为选择标准色就是最接近的，应该使用色卡比对挑选。

对于无法查到原厂颜色代码的车辆，用色卡对比选出最接近的一个颜色，使用这个颜色代码从计算机数据库中查找配方。

有些涂料厂商的计算机配方系统中，有比对同一色号各种差异色配方颜色具体差别的功能，例如，当调色人员选择了一个相对最接近的差异色色卡，但是从色卡比对该颜色仍然有些偏深，那么可以根据计算机中对配方的比较，选择另外一个较所选色卡颜色浅的配方作为起始配方来进行微调。

有些涂料厂商开发了和计算机配方系统关联的测色仪，可以方便快速测出该颜色在配方数据库中最接近的配方（图 5-2），从而能够大大简化调色工作。

无论是使用色卡比对选择最接近颜色，还是使用测色仪测色，当车辆表面车漆比较旧，划伤比较严重，或者老化比较严重时，要先用细蜡抛光处理一下表面（图 5-3），再使用色卡比色或使用测色仪测色（图 5-4），以免颜色老化影响比色或者影响测色仪测色。

图 5-2 快配色与计算机配方系统

图5-3　测色前用细蜡抛光　　　　　　图5-4　细蜡抛光部位用测色仪测色

另外需要注意,颜色从鲜艳色向浑浊色调整相对比较容易,即调色时降低彩度比较容易,增加彩度则比较难,这是因为,加入的色母种类越多,颜色就往往越浑浊。所以无论使用哪种方法选择最接近配方,都要选择较鲜艳的配方。

(5)调配色漆前要确保色母已经搅拌均匀,由于色母浓度较高,微小的用量差异都会导致颜色产生较大变化,而且色母中较重的颜料会下沉,故添加未搅拌均匀的色母就相当于添加的色母量较小,自然会导致颜色不准。

保证色母搅拌均匀要做到以下几个方面:

①将新的色母罐安装到调漆机上之前须手工充分搅拌 5~10min 或使用振荡器振荡 1~2min,再放上调漆机搅拌 15min。

②日常工作中每天上午、下午各启动调漆机搅拌油漆一次,每次搅拌时间为 15min;这样每次调漆前打开调漆机搅拌 5min 就可以混合色母了。

③也可以每次调色前再搅拌色母 15min,但是这样会导致调色人员等待较长时间,降低工作效率。

色母添加完成后,混合好的色漆要搅拌均匀。

(6)配方称量。打开调漆机,搅拌色母以保证色母浓度均匀,然后使用电子秤按照配方称量、添加色母,调配色漆,此时须留意计算机上查出的配方有累计量和绝对量两种,如果所使用的配方是累计量配方,则添加完一个色母后不能将电子秤归零,而应继续添加。对于配方中含量较少,且对颜色影响较大的色母,若用累计量配方添加,可能误差会较大,导致计量偏差引起颜色变化,故建议使用绝对量配方,即每一个色母添加完成后将电子秤归零称量下一个色母,以精确称重色母。每个色母称量接近配方质量时要小心操作色母盖头,滴加色母来精确控制色母质量。

每个颜色配方都有一个最小调配量,原因是调配量小于这个限度后,配方中色母的质量就开始有小数点后第二位。而汽车涂装维修行业目前所普遍使用的电子秤的精度是 0.1g,如果一个配方最小调配量是200g,这时某一个色母的质量是 14.3g,那么当调配 100g 这个配方时,这个色母的质量应该是 7.15g,但是电子秤只能称量 7.1g 或 7.2g,所以我们通常就会四舍五入称量 7.2g,这样就相当于多添加了 0.05g。同样道理,有的色母又有可能少加 0.04g,对于一个 100g 的配方而言,这就相当于有的色母多加 5% 而有的色母少加 4%,对调出的颜色的影响自然就很大。

按照配方添加色母时,可以使用"减量法"调色,在前一步骤中使用这个颜色的色卡和车身对比时,我们已经判断出了颜色差异,此时我们可以根据这种差异预先减少某种色母的添加量。例如,颜色偏深,可以减少10%左右的黑色色母,以使接下来的颜色微调工作更为快捷简单。具体减少量需要根据颜色差异的程度判断决定。即使减少得过多,再补充添加进去,也比加进去再调整要容易。

(7)电子秤的使用注意事项:

①电子秤必须处于水平状态。

②为了保证称量准确性,放置电子秤的工作台不会传导振动或晃动。

③避免把电子秤放置在有空气气流的位置,这会导致调漆时称量不准。

④不要在电子秤秤盘上面搅拌油漆。

⑤如果要清洁秤盘,须将秤盘拿下来清洁,以避免损坏传感器。

(8)试色板选择。素色漆调色可以用漆尺把湿涂料拿出来与车身板样比色,湿态的素色涂料比其样板颜色会更鲜艳、明亮些,涂膜干燥后,亮度和彩度都会降低一些。所以,即使对于素色漆,也建议在调色的最后阶段采用喷涂试色板比色以准确判断颜色的差异,防止判断不准导致返工。金属漆、珍珠漆调色时,则从一开始就需要用喷涂试色样板进行比色。

当面漆喷涂在灰度值相同的灰色中涂底漆上或者灰色底色上时,面漆遮盖力最好且用量最为节约。为了节约面漆,确保喷涂试色板和喷涂车辆的条件一致,在调色时最好使用已喷涂好不同灰度中涂底漆或具有灰色底色的试色板(图5-5)。喷涂车辆时也要使用相同灰度的底漆,以避免底漆颜色不同,色漆喷涂遍数不同,造成调色和喷涂车辆颜色出现差异。

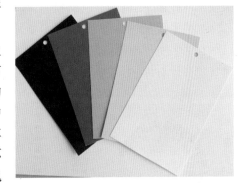

图5-5 具有灰色底色的试色板

如果使用纸质试色板喷涂样板比色,要选择不易吸收涂料的纸质试色板,否则样板和车身的喷涂效果会不同,导致判断颜色差别和添加色母失误。另外还要注意,由于很多纸质试色板通常只有白色,容易使调色者误以为已经遮盖,而事实上,下面白色未被完全遮盖,从而使颜色较浅,误导调色者加入更多色母去微调。这时可以使用带黑白格的试色板或在白色试色板上贴黑白格遮盖力测试胶带,以使调色者喷涂试色板时能够判断颜色是否已经完全遮盖。最好还是使用不同灰度的纸质试色板来喷板比色。

(9)试色板喷涂。喷枪的调配和喷涂试色板的手法需和喷涂车辆的手法完全一致。通常喷涂两层,再喷涂一个雾喷层即可,并且要等涂料样板干燥后再比较颜色。清漆也要按照喷涂车辆同样的喷法,喷涂同样层数,以避免因为清漆膜厚、亮度、流平不同影响对颜色的比较。

在调色的最初阶段,对于不会存档的试色板,为了提高效率,可以使用不添加固化剂的清漆喷涂试色板,烤干至可指触时比色。有的涂料厂商开发有自喷罐调色清漆,可以直接喷涂试色板比色,节省调配清漆及清洗喷枪的时间。

(10)比色。在自然光下或者标准光源调色灯箱里比较颜色差别,根据颜色差别及色母特性图、色母色环图判断选择合适的色母,加入色漆对颜色进行微调。

不要在阳光直射处或者在很暗的光线下比色,也不要在普通荧光灯等非标准光源下比色。不合适的光源会导致颜色产生变化,误导对颜色差别的判断,导致调色不准确。

对于银粉漆、珍珠漆颜色,要从多个角度比较颜色,包括但不限于以下最基本的三个角度,以确保各个角度下的颜色准确。

①正面,正确反光角度,即人眼从接近于正面,且光线直接反射的近似角度观察和比较颜色差异;

②侧面,视线与板件接近于平行的角度;

③半侧面,正面与侧面的中间角度。

(11)微调色母选择。我们可以用不同的色母调配出近似的颜色,且在同一种光线下颜色很接近,即配方不同颜色相同。但是当把上述两种不同配方调出的颜色置于其他光源下,则它们可能又存在颜色差异,这就是条件等色,又称作颜色异构。要避免条件等色,微调颜色时要尽量使用原配方中所用到的色母。如需加入配方外的色母,必须在不同光源下比较颜色,即除了自然日光,还应该使用调色灯箱,在至少两种不同的光源下进行颜色对比。如果在两种光源下,色漆颜色都相同,基本可排除颜色异构。

如果发现颜色异构严重,则主要是由于色母选用不当。油漆厂商所提供的调色配方是已经在实验室里以不同的光源测试无误后,才被认可使用。所以,在调色时只要使用配方中所含色母进行微调,就可避免颜色异构。

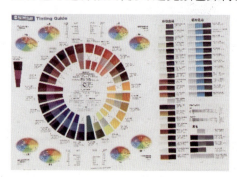

图5-6　色母指南

选择色母时要充分利用色母指南(图5-6)和色环等调色工具。色母指南列出了每个色母的特性以及这种色母加入涂料后所能产生的效果,色环上会列出各个色母的位置,可以正确地比较色母之间的差别,以选择合适的色母。

(12)试色板存档。调色过程中喷涂出来的试色板要尽可能在能够记录对应配方的情况下收集保存,在试色板后面写明配方并存档,以后遇到相同颜色的汽车,可以很快从这些试色板中找到你需要的配方。这样就可以使调色工作越来越简单直至颜色接近至可以喷涂。

三、水性漆调色与溶剂型调色的区别

水性漆调色与溶剂型调色本质上并没有大的区别,仍然是需要按照规范的调色流程,使用调色指南等主要区别是专业调色工具,掌握和选择正确的水性漆色母微调颜色。

(1)调配水性漆时应使用塑料容器,不要使用金属容器。

(2)因为水性漆会溶解普通过滤网的黏结用胶水,所以要使用水性漆专用125μm网眼的尼龙过滤网过滤。

(3)按照喷涂车辆的喷枪设定及喷涂手法喷涂试色板,喷涂水性底色漆推荐使用带灰度底漆的铝制喷涂卡或带灰度底色的防水喷涂卡,灰度要和喷涂车辆时使用的灰度底漆或灰度底色漆一致,这样可以使水性底色漆更易遮盖,更节省用量,并且调色效率更高,准确度

更高。

（4）喷涂车辆时水性底色漆使用口径为 1.2～1.3mm 的 HVLP 高流量低气压环保面漆喷枪。故喷涂试色板时应使用同样喷枪，按照同样的条件喷涂试色板。

第二节　调色基本知识

知识要求

1. 素色色母特性知识（高级技能）；
2. 银粉色母结构、特性知识（高级技能）；
3. 多角度判断银粉色漆颜色色差方法（高级技能）；
4. 珍珠色母结构、特性知识（高级技师技能）；
5. 多角度判断三工序珍珠漆颜色色差方法（高级技师技能）。

技能要求

1. 能根据颜色判断调配出素色、普通银粉色漆（高级技能）；
2. 能选择正确灰度的样板（高级技能）；
3. 能判断素色漆样板与目标板的色差并选择色母（高级技能）；
4. 能确定素色漆样板颜色是否合格（高级技能）；
5. 能判断普通银粉色漆样板与目标板的色差并选择色母（高级技能）；
6. 能确定普通银粉漆样板颜色是否合格（高级技能）；
7. 能根据颜色判断调配出高难度银粉色漆（技师技能）；
8. 能判断高难度银粉色漆样板与目标板的色差并选择色母（技师技能）；
9. 能确定高难度银粉漆样板颜色是否合格（技师技能）；
10. 能根据三工序珍珠漆颜色判断调配出色漆（高级技师技能）；
11. 能对比三工序珍珠漆分色样板与目标板的色差并选择色母（高级技师技能）；
12. 能确定三工序珍珠漆分色样板颜色是否合格（高级技师技能）。

一、颜色的基本原理

1. 颜色的基本知识

颜色是眼睛对不同波长光波的感知。为了调配出准确的颜色，需要了解人们是如何感知和认识色彩的。

人的眼睛具有三种基本神经：感红、感绿和感蓝，并由此合成多种色感。光谱的不同部分能引起这三种视觉神经不同程度的兴奋，并将这些兴奋转换成信号传至大脑，而大脑将这些信号转换为色彩，于是人就看到了颜色。

2. 感知颜色三要素

人要感受到颜色，必须具备以下三个要素：光源、眼睛和物体。

（1）光源。即使一个人颜色视觉正常，但是如果没有光源，他也看不到任何东西，当然也看不到颜色。常见的光源有三种：太阳光、荧光灯和白炽灯。

太阳光是一种电磁辐射，这种辐射由不同波长的电磁波组成，利用三棱镜或者光栅能分辨出许多单一的有色光带，颜色从紫到红，人们常将这种有色光带称为可见光谱（图5-7）。

太阳光包括了可见光谱中的所有颜色，是最佳的调色光源，但是不同时间、不同天气时的光线有强有弱，光线弱时就会影响调色。

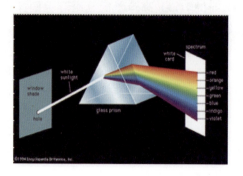

图5-7 可见光谱

荧光灯所放射出的蓝色部分比太阳光的蓝色部分的光量要多，白炽灯所放射出的红黄色部分比太阳光的红黄色部分的光量要多，而这就会导致所看到的物体颜色和在自然光线下不一样。一个在正常日光下看起来是红色的汽车，在白炽灯下看起来会是橙色，这是因为白炽灯含有更多的红黄色光，它与汽车本身的红色叠加，就会得到橙色。

把在不同的光源（例如阳光和灯光）照射下颜色产生一定差别的现象称为颜色异构，又称条件等色。例如，在室外看着有差别的颜色，到了室内或烤漆房内再看颜色却相同了。颜色异构基本上都与色母选用不当有关，这就是为什么颜色微调时应尽可能使用配方中所用到的色母的原因。

应该尽量在自然光线下调色，当自然光线不佳时，应该使用标准光源对色灯箱（一般称为调色灯箱），它通常配置有D65（国际标准人工日光）、TL84（普通荧光灯）、CWF（冷白光源）、F（普通白炽灯）、UV（紫外灯）五种光源，其中D65国际标准人工日光为最接近自然光的人工光源，可获得最佳的比色效果；使用标准光源对色灯箱进行比色时，在调色时可切换其配置的几种不同的光源进行比色，以确保颜色准确并避免条件等色。

（2）物体。物体之所以能被看到，是由于光线在其表面发生了反射，被眼睛所接收，再通过视觉神经的传递，在大脑中"合成"出了物体的色彩。一般而言，物体对照射到其表面的光源有反射、折射和吸收三种反应。反射就是被反射的光线从物体表面反射，物体的颜色往往由其反射光的颜色来决定；吸收就是光线被物体吸收。

当全反射时，人看到的是白色，全吸收时看到的是黑色，而部分吸收和部分反射时，看到的则是反射光的不同波长对应的颜色。

如图5-8所示，一个有色（红色）的表面之所以看起来是红色，是因为它只反射光谱中的红波长，而其他波长都被吸收了。所以简单地说，物体的颜色就是其反射光线色。

折射是指光线穿过物体，但穿过物体的光线会有所改变，珍珠颜料的颜色比较特殊的原因，是部分光线被直接反射，部分光线在各层折射，再反射叠加形成多层反射，从而使颜色显得透明多变。

既然色彩是光源、眼睛和观察对象三者的结合，很显然，如果这三个因素中的任何一个发生了改变，那么所产生的颜色也会随之改变。所以要在确保这三个因素都标准的条件下比色及调色，光源要采用自然光或者标准光源，眼睛需要对颜色有正常而灵敏的感觉；对于观察对象来说,如果表面有一定程度的老化、变色,就需要清洁并抛光,以确保其颜色恢复到合理状态,这样才能观察到正确的颜色,从而才能正确比对出颜色差异,才有可能使用正确的色母去微调出接近的颜色。

图 5-8　红色表面反射光谱中的红波长

(3)眼睛

每个人的眼睛对颜色的感受灵敏度有差别。即使辨色能力正常的人,对颜色的辨识也会有所差别,同一个颜色,有可能有的人感受的颜色会偏红,有的人感受的颜色则会偏蓝。年龄对人的辨色能力也有影响,辨色能力会随着年龄的增长而下降。

有少数的人对颜色的辨别能力比较差,甚至无法辨别某些或所有的颜色,他们被称为色盲或色弱人群。从事汽车涂装维修调色的人员,应首先进行视觉检查,以确保辨色能力没有缺陷。

以下是色觉测试的一些典型例图。图 5-9、图 5-10 所示用于测试红绿色觉。

红绿色觉正常者会看出数字"99",也可以看到"0"。但红绿色觉异常者只能看到"0"。

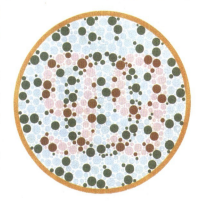

图 5-9　红绿色觉测试图

通过图 5-10 可以区分红绿色盲和红绿色弱,红绿色盲、重度色弱会无法读出其中数字,红绿色弱中度可看出数字"8",红绿色弱轻度可看出数字"89",色觉正常者,可看出左下、中上、右下部有 3 个数字,依次是"986"。

图 5-11 所示用于测试蓝紫色觉。

图 5-10　红绿色觉测试图

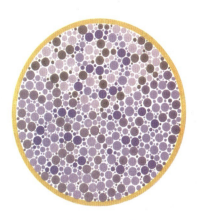

图 5-11　蓝紫色觉测试图

当能够全部看出左下、中上、右下部有 3 个数字,依次是"698"时,说明蓝紫色觉正常,否则说明蓝紫色觉有色弱或色盲。

二、色彩三属性

颜色有三个基本属性:色相、明度和彩度。只有准确掌握这三个属性,才能准确定义一个颜色。

图 5-12 色环

1. 色相

色相又称色调,是色彩的第一个重要属性。物体的色相包括红色、橙色、黄色、绿色、蓝色及紫色等。

如图 5-12 所示,可将显著不同的色相排成一个圆环,圆环的周边依次排列了各种不同的色相,称之为色环。

涂料厂商往往会将各种不同的色母产品标注在这样的圆环上以显示该色母的色母特性,一般将其称为色环图。

2. 明度

明度又称亮度、深浅度或明暗度。它反映了光的反射程度大小,物体表现为白色,是因为白色物体反射了所有的光线,所以白色对光的反射程度最大,黑色则恰恰相反。所以,明度可以定义为反射光的总量与入射光的总量之比,用 0~100% 表示,数值越大表示颜色越浅,反之越深。同一色相的颜色有不同明度,比如绿色就有深绿、浅绿、暗绿之分。不同的色调也有不同的明度,比如,紫色明度最低,红、绿中等,黄色最亮。

如图 5-13 所示,明度一般用黑白轴表示,越接近白色,人感受到的明度越高;相反,越接近黑色,明度则越低。所以在调色时,黑色色母或白色色母能够最快、最明显地影响颜色的明度。

3. 彩度

颜色的第三个属性是彩度,又称为饱和度、鲜艳度或纯度。彩度是指颜色的鲜艳程度。比较彩度一般需要在同一色相和明度的颜色下比较。彩度是色彩中最难辨认的一个性质,在比较同一色相和明度的两种颜色时,才会意识到它的表现形式。进行这种比较时,通常会使用"鲜艳"或"黯淡""鲜亮"或"浑浊"这样的词语来进行描述。图 5-14 所示为彩度的比较。

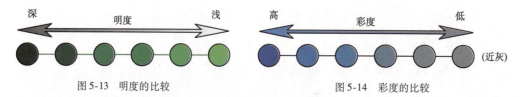

图 5-13 明度的比较　　　　　　图 5-14 彩度的比较

4. 孟塞尔颜色系统

在添加色母的时候,并不会单独只影响颜色的一个属性,所以实际调色中要对颜色的三个属性综合分析,目前广泛使用的颜色综合分析系统是孟塞尔颜色系统(Munsell color system),它是由阿尔伯特孟塞尔(Albert H. Munsell)在1898年创立的,是第一个用三维空间表达颜色的系统,至今仍是比较色法的标准。

孟塞尔颜色系统形象而科学地把所有颜色集合在孟塞尔色立体(Munsell color solid)这样一个立体模型中,孟塞尔色立体像一个两端较尖的双锥体,或者可以用地球来形容颜色分布,中间竖直的轴,即中央轴(南北轴)代表明度等级,即不同的纬度明度不同,最高点最浅,最低点最深。经度代表色相,按照红、橙、黄、绿、蓝、紫分布。某一颜色与中央轴的水平距离代表彩度,离开中央轴越远,彩度数值越大,到达中央轴上时,即成为一个中性色,彩度为0,如图5-15所示。

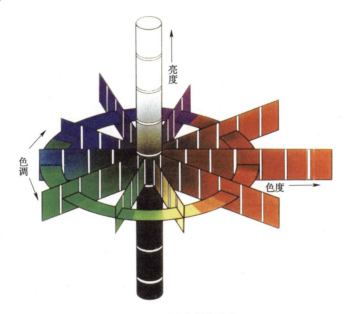

图5-15 孟塞尔颜色系统

孟塞尔颜色系统对颜色的具体定位方式如下:

(1)色相的定位方式。孟塞尔颜色系统把色相分为5个主色调:红、黄、绿、蓝、紫,在相邻的两个主色中又定义了5种中间色:黄/红、黄/绿、蓝/绿、蓝/紫、红/紫,并把所有的色相连成了一个色环。同时,每一种色相又被分为10份,用0~10刻度表示。5是标准色,例如5R、5G分别代表标准红色调和标准绿色调。而对于黑、白、灰这些无彩色,则统一用N表示它们的色调。

(2)明度的定位方式。孟塞尔立体的中央轴(南北轴)代表明度等级,最高点最浅,最低点最深,相对应的不同的纬度明度不同,越往上越亮,往下就越暗。明度分为11个等级,最亮的是白色,明度为10,最低的是黑色,明度为0。通过这样的数值,可以定位所有颜色的明暗程度。

(3)彩度的定位方式。某一特定颜色与中央轴的水平距离代表彩度,它表示具有相同明度值的颜色离开中性色的程度。颜色在孟塞尔立体上的一个平面上从外圈向内移动,彩度降低,即离中心越近,色彩就越灰;颜色离中心越远,色彩就越纯净,彩度就越高。彩度也有刻度,如0、2、4、6、8……当彩度是0时,为系统的中轴,即是没有色彩的黑、白或灰色(中性色)。

孟塞尔系统对颜色的表示方法为：×××/×。第1位代表色调的数值，第2位代表色调的颜色（即前面提到的基本分类色调，用字母表示），第3位代表明度值，第4位则代表彩度值。例如，5R4/14代表明度为4、彩度为14的正红色；6RP4/12代表明度为4、彩度为12的纯红紫色。另外，N0代表绝对黑色；N10代表绝对白色；N5代表中灰色。

实际调色时，添加任何一个色母，都不会只影响颜色的一个属性，往往会对以上三个属性中的两个属性产生影响。故调色时先调整哪个属性，并没有绝对的对错，正确的选择是先调整差别最大的那个属性。

如图5-16所示，如果要把一个油漆颜色"P"微调为车身颜色"C"，可以用下面的模型定量分析两种颜色在色相、明度、彩度三个方面的差别，然后主要考虑差别最大的属性，次要考虑差别较小的属性，选择合适的色母。

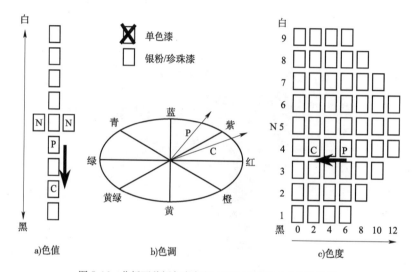

图5-16 分析两种颜色在色相、明度、彩度三个方面的差别

第三节 素色漆调色要点

知识要求

1. 素色色母特性知识（高级技能）；
2. 单工序素色漆、双工序素色漆结构知识（高级技能）；
3. 单工序素色漆喷涂样板方法（高级技能）。

技能要求

1. 能根据颜色判断调配出素色漆（高级技能）；
2. 能使用喷枪喷涂素色色漆样板（高级技能）；
3. 能判断素色漆样板与目标板的色差并选择色母（高级技能）；
4. 能确定素色漆样板颜色是否合格（高级技能）。

一、减色混合

色彩系统中物体最基本的色相是红色、黄色和蓝色,它们也称为"物体的三原色",即从理论上来讲,所有的颜色都可以用这三种颜色调配出来,但是,物体的颜色是因为吸收了白光中的某些色光而形成。所以,当颜料混合时,每种颜料在混合前均吸收了白光中的某些色光,混合后又会吸收某些色光,最后呈现的颜色是对白光多次吸收减弱后的效果。所以如果将红、橙、黄、绿、蓝、紫几种颜料等量混合起来并不可能得到白色,而是明度很低的灰色;如果将多种颜料混合起来,颜色会越混合越灰暗,这就称为减色混合。

二、颜色调配规律

如图 5-17 所示,当红、黄和蓝其中两色混合后可得到第三种颜色,称为再生色。即:

黄 + 红 = 橙;
红 + 蓝 = 紫;
蓝 + 黄 = 绿。

当任意两个再生色混合后又会得到次生色。如:

橙 + 绿 = 香橼色;
紫 + 绿 = 橄榄色;
紫 + 橙 = 铁锈色。

图5-17　红、黄、蓝混合形成再生色

可以看出,再生色的彩度低于原色,而次生色的彩度更低,而且颜色变得更深。这也是由于颜料的混合是减色混合的原因。这也是为什么调色时将颜色由鲜艳向浑浊调整相对比较容易,而增加彩度比较难的原因。

还需要知道的是,色环上相对的两个颜色相加就会得到灰色。这也是减色混合造成的。即:

红色 + 绿色 = 灰色;
黄色 + 紫色 = 灰色;
蓝色 + 橙色 = 灰色。

所以在实际调色中,除非为了将某个颜色调浑浊,配方中色母相对位置的色母必须非常慎重添加。

由于加入的色母种类越多时,颜色就往往越浑浊,所以调色时要尽量使用配方中的色母,慎重添加非配方中的色母。第一,防止所调出的颜色出现条件等色;第二,防止添加非配方中色母种类过多导致颜色浑浊。

三、明度的调整要点

素色漆调色时可使用黑色和白色色母调整明度和彩度,但要注意人们对于亮度的感应并不是均匀的,所以反光率50%的灰色并不在黑、白颜色中间。事实上,"N5"的中灰色只反射19%的光线,这是因为人们对深色的亮度变化比对浅色的变化敏感得多,所以人眼看上去亮度均匀变化的色卡之间的反射率却差别很大。如 N1 和 N2 的反射率仅仅相差2%,而 N8

和 N9 的反射率相差近 20%,这说明了只要在黑色的涂料内加少量的白色涂料,可以使黑色涂料变浅;而要使浅灰色的涂料变得更浅,则必须加大量的白色涂料。总之,对所有颜色而言,把浅色调向深色是容易的,反之,则难度较高。

四、比色方法要点

虽然素色漆不会因为喷涂手法导致颜色不同,即素色漆不会像银粉漆那样,因喷涂因素变化而导致颜料颗粒排列不同,但是因为素色漆干燥后会明显变深,故为了确保颜色准确,在素色漆的起始调配阶段可以用比例尺刮涂色板比色,最后阶段确定颜色是否可以喷涂车辆时就需要喷涂合格的样板来比色了。

比色时,要以第一印象为准,盯视色板时间越长,则越难准确判断颜色色差。

第四节 银粉漆调色要点

1. 双工序面漆结构知识(高级技能);
2. 银粉色母结构、特性知识(高级技能);
3. 普通银粉漆结构知识(高级技能);
4. 普通银粉漆喷涂样板方法(高级技能);
5. 多角度判断银粉色漆颜色色差方法(高级技能);
6. 银粉漆颜色的影响因素(高级技能);
7. 高难度银粉漆结构知识(技师技能);
8. 高难度银粉漆样板喷涂方法(技师技能)。

1. 能根据颜色判断调配出普通银粉色漆(高级技能);
2. 能使用喷枪喷涂普通银粉漆色漆样板(高级技能);
3. 能判断普通银粉色漆样板与目标板的色差并选择色母及添加量(高级技能);
4. 能确定普通银粉漆样板颜色是否合格(高级技能);
5. 能使用色卡、计算机查配方系统查找高难度银粉漆颜色配方(技师技能);
6. 能根据颜色判断调配出高难度银粉色漆(技师技能);
7. 能使用喷枪喷涂高难度银粉色漆样板(技师技能);
8. 能判断高难度银粉色漆样板与目标板的色差并选择色母及添加量(技师技能);
9. 能确定高难度银粉漆样板颜色是否合格(技师技能)。

一、银粉色母的分类

银粉色母中实际上使用的主要颜料为铝粉。铝粉的区别首先是颗粒粗细的不同,其次,根据铝粉的不同形状,银粉色母有几种分类方式。

（1）按银粉颗粒外形，可以把银粉分成不规则形和椭圆形两类，如图 5-18 所示。

在显微镜下观察两种不同的银粉可以发现，不规则形的银粉每个颗粒都没有固定的形状，每一粒银粉的上面有各种各样的棱角，看上去感觉就像一大堆奇形怪状的石头，而椭圆形的银粉是椭圆球形。这两种银粉的效果有很大不同：不规则形的银粉因为有"漫反射"的作用，正面的亮度相对稍低，而侧视的亮度反而较高；椭圆形的银粉由于表面反射光的角度一致，所以正面亮度较高，但侧视却很暗。实际应用时如果需要把正面调得更"白"、更亮，把侧视色调暗，那么更换银粉的种类是最有效和最常用的手段。

（2）按银粉颗粒的亮度，可以把银粉分成无（平）光银、亮银和闪银三类。这三类银粉中的每类银粉又往往有两个或多个颗粒粗细不同的色母。无光银、亮银使用的是不规则形的银粉，闪银用的是椭圆形银粉。这三类银粉在外观上也比较好辨认，在正面亮度上它们按顺序增大，在侧视亮度上则是按顺序变暗。实际使用中，一般多以使用亮银和闪银为主，因为它们纯度高，调出来的颜色就纯，饱和度高，操

图 5-18　银粉颗粒的外形

作时主要用它们来提高颜色的亮度和纯度。除非必要，不要使用过多的平光银，否则调出来的颜色正面会变得比较灰暗，稍远处一看就会感到整体发黑。平光银还有一个特点，可以用亮银和白色母近似地调配出来，因为在亮银中加入少量的白漆，可以使得银粉正面变灰，降低亮度，而同时使得侧视变浅。

二、银粉色母的使用要点

1. 不同银粉色母的效果

（1）使用的亮银和闪银银粉颗粒越小，正面越暗、侧面越浅。

（2）银粉的颗粒越大，正面就越闪亮，但侧面会越暗。

（3）加入少量亮银、闪银能使颜色的正面亮度升高，但继续增加时却会使颜色正面和侧视变灰，颜色饱和度下降。加入无光银对正、侧面都只能起到变灰的作用。

（4）相比较而言，无光银的正面最黑，侧面最浅；闪银的正面最亮，侧面最黑。

2. 银粉色母的判断、选择及使用

（1）可以在阳光直射下或者使用太阳灯检查判断银粉的颗粒闪亮程度是否合适。

（2）选择银粉色母时，一般可以先判断需要使用的银粉亮度级别，明确需要使用哪一类或哪两类亮度的银粉色母，再判断银粉的颗粒粗细，确定使用何种粗细的银粉色母及其数量比例。

（3）选择正确的银粉对调准颜色非常重要。在实际调漆工作中，单使用某一种银粉往往达不到应有的效果，所以常常使用两三种银粉混合。两种银粉混合后表现出来的属性往往就是原来各个银粉属性的折中。例如，亮度不同的银粉混合，所得亮度就介于它们之间，侧视亮度亦如此。

三、银粉色漆调色试色板喷涂要点

1. 试色板材质

试色板材质需要与汽车材质一致，所使用的底漆颜色也需要一致，避免试色板底漆颜色

与车身底漆颜色不同,导致比色时对调色技术人员的颜色判断起到误导作用。

2. 试色板喷涂条件

银粉漆必须喷涂试色板比较颜色,否则湿涂料的颜色不能真实反映干涂膜的颜色。由于施工因素对银粉色漆的颜色有很大的影响,同一种油漆,可以喷涂出截然不同的颜色,所以要使用和喷涂车辆同样的工艺条件喷涂试色板,否则银粉漆中银粉的颗粒和亮度很难把握准确。

试色板的面积至少应该在 10cm×15cm,太小则对颜色的分辨不利。喷涂时不要因为试色板较小喷得过湿过厚,否则在车身上正常喷涂时颜色就会变浅。特别是对于浅颜色的金属漆,像香槟金、薄荷青等,喷涂试色板时应该尝试不同的喷涂方法,在实际喷涂时按照色差最小的方法喷涂试色板。

喷涂试色板时,可以将银粉底漆喷涂整板,而清漆喷 1/2,以对比银粉漆在喷涂或未喷涂清漆时的颜色差异,累积调色的经验。

第五节　三工序珍珠漆调色要点

知识要求

1. 珍珠色母结构、特性知识(高级技师技能);
2. 三工序珍珠漆结构知识(高级技师技能);
3. 三工序珍珠漆配方中灰度查询方法(高级技师技能);
4. 三工序珍珠漆喷涂分色样板方法(高级技师技能);
5. 多角度判断三工序珍珠漆颜色色差方法(高级技师技能)。

技能要求

1. 能使用色卡、计算机查配方系统查找三工序珍珠漆颜色配方(高级技师技能);
2. 能根据三工序珍珠漆颜色判断调配出色漆(高级技师技能);
3. 能选择已喷涂灰度底漆的样板(高级技师技能);
4. 能使用喷枪喷涂分色样板(高级技师技能);
5. 能对比分色样板与目标板的色差并选择色母及添加量(高级技师技能);
6. 能确定三工序珍珠漆分色样板颜色是否合格(高级技师技能)。

一、珍珠色母的结构

根据天然珍珠的结构,在片状的云母片上加上不同厚度的钛白粉或氧化铁等无机氧化物制成珍珠颜料,当光线照在加入了珍珠颜料的珍珠色漆上时,会产生类似珍珠的彩虹效果。和银粉漆的效果相比较,银粉漆颜色主要是正侧面颗粒大小不同、深浅度不同,而珍珠漆在不同角度的颜色都会有明显差异,故非常有吸引力。

如图 5-19 所示,珍珠色的正面颜色由反射光组成,而侧视色调则由透射光组成。

通过改变云母粉表面二氧化钛层的厚度,就能制成一系列不同颜色的珍珠颜料,如白珍珠、黄珍珠、红珍珠、绿珍珠及蓝珍珠等。在二氧化钛层外镀一层氧化铁,造成外观上的红色或金红色,就能制成着色珍珠如珍珠铜、珍珠红颜料。如果在云母片上使用带不同颜色银粉包裹的二氧化钛,就能提供立体效果强烈的金属银色光泽,这种珍珠称为着色银珍珠。如果把云母片换为高纯度合成氧化物,外层同样使用不同厚度的二氧化钛,或同样外镀氧化铁着色,就能制成水晶珍珠,效果较普通珍珠更鲜艳,光线直射下更闪烁。

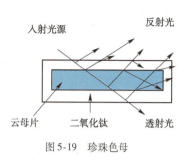

图5-19 珍珠色母

二、珍珠色母与银粉色母比较的特点

珍珠颜料为半透明,其直径为 $10\sim100\mu m$,变色效果只有在光线充足时才比较明显,很多三工序珍珠漆因为其中不含铝粉颗粒,在光线暗的地方看起来就像素色漆一样看不到颗粒,也看不到变色效果,只有到了日光直射或类似的较强光源下,才能看出显著的正侧面颜色差别。而银粉漆中的铝粉颗粒直径为 $10\sim50\mu m$,即使光线较暗,也能看见颗粒。珍珠色母有以下特点:

(1)珍珠色母能使颜色显得更纯更鲜艳。

(2)无论加入哪种珍珠色母,都能使正面、侧面亮度上升,银粉色母则不能使正、侧面亮度都达到这种上升效果,往往是正面亮度上升更明显,但侧面则上升较少甚至变暗。

(3)如珍珠色母在配方中的数量多,则侧视色调较浅,且很难调深。

(4)珍珠色母的颗粒更细,且同色珍珠中也有粗细之分,要检查及辨别珍珠颗粒的类型,需要在阳光直射下检查珍珠的颗粒闪亮和颜色反射效果。

三、三工序珍珠漆的调色要点

影响三工序珍珠色的最主要因素有两个:底色漆和珍珠色层膜厚,调色时主要要靠调整底色漆颜色来得到正确颜色,而珍珠色漆的喷涂厚度、层数都会影响颜色。一般来说,底色漆颜色决定侧面颜色,珍珠层颜色决定正面颜色。

三工序珍珠漆中,以白珍珠最为常见。三工序珍珠漆的底色漆为白色素色漆,上面喷涂一层纯的半透明的珍珠色漆,使正、侧面颜色反差强烈并带有天然珍珠般的透明感和变色感,给人造成深刻的印象。三工序珍珠底色一般选取浅亮的纯色为主,也有一些三工序珍珠漆选用银粉漆作为底色漆。由于第二层珍珠色漆为只含有珍珠色母的半透明色漆,所以调色及喷涂难度较双工序珍珠漆增加。

由于三工序珍珠的颜色更容易受到喷涂条件和手法的影响,比如喷涂遍数只要多喷一遍,颜色就会有很大不同,故三工序珍珠漆要喷涂同一底色漆及不同层数珍珠漆的比色试色板(通常称为"分色样板")来比色。当喷涂好底色层,对比车身,从侧面观看颜色比较接近时,就可以开始喷涂不同珍珠层数的分色样板来比色。可以用4个试色板,一个只喷涂底色漆,另外3个分别喷涂1层、2层、3层珍珠漆,也可以用以下方法喷涂分色样板,以判断珍珠层喷涂几层时颜色最为接近,以及在这种情况下如何最小限度地微调底色漆。"分色样板"的喷涂方法(图5-20)如下:

(1)准备一块已经喷好底色漆的试色板,并分为4部分,如图5-20a)所示。

(2) 使用3份遮蔽纸分别遮住下面三部分,喷涂一遍珍珠漆,如图5-20b)所示。

(3) 闪干后,撕去一张遮蔽纸,并继续喷涂第二遍珍珠漆,如图5-20c)所示。

(4) 闪干后,撕去一张遮蔽纸,并继续喷涂第三遍珍珠漆,如图5-20d)所示。

(5) 撕去最后一张遮蔽纸,喷涂清漆,即最下面一部分是在底色漆上喷涂清漆,如图5-20e)所示。

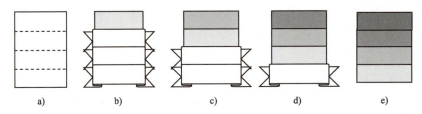

图5-20 多层喷涂试验的方法

可以看出,由下往上分别喷涂了0、1、2、3遍珍珠漆。喷涂清漆并烘干后,就可以把所做的试色板和目标颜色做比较,选出最接近的颜色,以此确定在实际施工时所需要的喷涂遍数。一般而言,珍珠层喷涂得较薄,底色的色调就容易在正、侧面透出来,而珍珠层喷涂得较厚,正面的珍珠粉颗粒明显,侧视反而会逐渐变暗。

第六章 涂膜缺陷分析、判断及解决

第一节 分析判断涂膜缺陷原因及问题解决

知识要求

1. 涂装缺陷原因分析方法(技师技能);
2. 三工序珍珠色漆涂装缺陷原因分析方法(技师技能);
3. 设备、工具、施工环境等原因导致的涂膜缺陷的解决方法(技师技能);
4. 施工技术、材料、外界环境等原因导致的完工后出现的涂膜缺陷的解决方法(高级技师技能)。

技能要求

1. 能分析、判断涂膜缺陷原因(技师技能);
2. 能分析判断出三工序珍珠色漆涂装缺陷原因(技师技能);
3. 能解决设备、工具、施工环境等原因导致的涂膜缺陷问题(技师技能);
4. 能在涂膜干燥前或者干燥后处理涂膜缺陷(技师技能);
5. 能解决施工技术、材料、外界环境等原因导致的完工后涂膜缺陷问题(高级技师技能)。

一、设备、工具、施工环境等原因导致的涂膜缺陷分析、判断及解决

在涂装作业过程中,由于施工材料、工艺、设备选择不当,或者作业环境不能满足作业要求,会导致涂膜产生缺陷。因此,需要掌握每种缺陷的形状及原因,才能采取恰当的方法做好预防工作,避免涂装修复工作出现缺陷导致返工。对于已经出现的缺陷,则需要掌握合理的修补方法,以保证合格的完工质量。

1. 橘皮

迎着光线观察各种车辆的涂膜表面,包括各种原厂漆、修补漆,均可看到涂膜表面有直径1~3mm不同大小的纹理,这种类似橘子皮表面的纹理俗称橘皮,如图6-1所示。

图6-1 橘皮

引起涂膜橘皮的因素很多,表6-1列举了常见的原因,以及预防和解决办法。

涂膜橘皮的原因、预防及解决办法　　　　　表6-1

缺陷产生原因	预防措施
底材未打磨平整,如中涂底漆表面橘皮纹理未磨除就喷涂面漆	按工艺要求打磨至完全平滑
环境温度过高	采用适合于该温度使用的慢干稀释剂
烤漆房内风速过高	风速调节到0.2~0.6m/s
稀释剂的挥发过快	使用慢干稀释剂
涂料黏度高	根据涂料厂商产品说明书调配到合适黏度
涂膜过薄	按涂料标准工艺要求,喷涂合适道数,保证涂膜达到所需厚度
喷枪走速过快	降低喷枪走速
枪距过远	调节枪距到合适距离
喷涂压力低	根据涂料厂商产品说明书将喷涂气压调配到要求的气压
喷枪出漆量调节过低	调节到工艺要求
底材温度过高	等底材温度降低到与环境温度相同时,采用合适的稀释剂调配涂料进行喷涂

橘皮的常见解决方法一般都是打磨、抛光;当橘皮非常严重且涂膜较薄,抛光会抛穿涂膜时,打磨除去橘皮,然后再重新喷涂。

2. 鱼眼(缩孔)

鱼眼是一种类似于火山口状的大小不等的小凹陷(图6-2)状缺陷,中间往往会露出被涂面。

 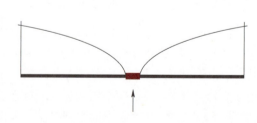

图6-2　鱼眼

这种缺陷往往在正在涂装时就会在湿涂膜上产生,产生的主要原因是工件表面或压缩空气中有油、蜡等杂质,使涂膜由于表面张力的原因产生收缩,形成以杂质为中心的鱼眼。

(1)被涂物表面不清洁,有油、蜡、硅酮树脂等异物。

(2)压缩空气中有油分、水分。

（3）涂装作业环境不清洁，例如烤漆房附近有车辆做美容，美容蜡质随风进入烤漆房污染漆面。

（4）储存油漆的容器上有异物混入涂料中。

对于在喷涂时出现比较轻微的鱼眼，可以参照涂料厂商产品说明，在涂料中加入鱼眼防止剂，继续薄喷几道以消除鱼眼。由于多次薄喷、补喷，涂膜的厚度会不均匀，补喷边缘位置橘皮会较重，故漆面干燥后需要对此部位打磨、抛光以使漆面纹理、亮度、饱满度一致。

对于比较严重的鱼眼，或处于色漆层的鱼眼，需要烘干后打磨、重新喷涂。

3. 砂纸痕

砂纸痕是指喷涂涂料后，从涂膜上能看到打磨不当导致的砂纸痕（图6-3）。

当打磨使用的砂纸过粗时，中涂底漆或者面漆第一层喷涂上去就会表现出明显砂纸痕，有人会采取多道薄喷的方式填充砂纸痕，但是这种填充并不可靠，如果喷涂的涂膜较厚、较湿，底材上的砂纸痕受到上层涂膜里面所含溶剂的侵蚀而产生扩展，即使采用多道薄喷的方式填充砂纸痕，上层涂膜也不会填实砂纸痕，而是在砂纸痕上形成类似于架桥的

图6-3　打磨不当导致的砂纸痕

状态，经过一段时间后会逐渐下陷，导致砂纸痕越来越明显。

产生砂纸痕的原因归结起来有以下几个方面：

（1）打磨时砂纸由粗到细跳号幅度过大，导致后一步骤打磨的砂纸不能去除前一步骤打磨的砂纸痕，即使最后细磨选用了正确的砂纸，但是由于跳号幅度过大，前面步骤的粗砂纸痕有残留，最终造成砂纸痕缺陷。正确的做法是每次更换砂纸不能跳号超过两级。

图6-4　手工打磨造成的砂纸痕

（2）用菜瓜布或者干磨砂纸手工打磨，边角部位用力较大且只是走直线打磨，会很容易导致砂纸痕，如图6-4所示。

正确的方法是直线打磨后再转圈打磨，消除直线状砂纸痕。

（3）下层涂膜没有完全干燥即打磨并喷涂上层涂膜。这样就导致了打磨的砂纸痕受到上层涂膜中的溶剂侵蚀而扩展，形成砂纸痕缺陷。

（4）错误使用过于慢干的稀释剂。在此情况下，虽然下层涂膜干燥及后续打磨都没有问题，但在气温比较低时，也会导致上层涂料中的稀释剂侵蚀下层涂膜砂纸痕导致砂纸痕缺陷。

对于较轻微的砂纸痕，经过打磨、抛光就可以处理掉或处理至不太明显；但是对于较重的砂纸痕，打磨、抛光则会抛穿漆面，所以无法通过抛光去除，需要磨除砂纸痕后，再重新喷涂。

4. 起泡

如果涂膜下面存在水分,当温度升高时,水分蒸发产生的水汽就会顶起涂膜导致起泡,如图 6-5 所示。

引起起泡的原因及预防措施见表 6-2。

涂膜起泡的原因和预防措施 表 6-2

缺陷产生原因	预防措施
水磨原子灰,原子灰吸收水分	干磨原子灰
喷涂前表面有水分、污渍、手印	喷涂前确保表面清洁、干燥
喷涂环境湿度较高,且涂膜喷涂完成后放置自然干燥,导致湿气渗入涂膜	使用适合环境温度的固化剂、稀释剂,喷涂完成后尽快烤干以避免湿气渗入涂膜

图 6-5 起泡

如果是涂膜未干、湿气渗入涂膜导致的起泡,通过抛光可以修复解决,方法是用抛光砂纸打磨起泡部位看是否可以打磨磨除并通过抛光恢复漆面光泽。

其他由于底材原因导致的起泡,由于起泡部位在面漆涂膜下面,故需要打磨除去起泡缺陷,然后重新喷涂。

5. 溶剂泡

如果涂膜表面已干燥,而涂膜内部的溶剂未完全挥发,后面挥发的溶剂会顶起已干燥的涂膜表面导致产生密密麻麻很多的针尖状隆起,这种缺陷称之为溶剂泡(图 6-6)。

当内层溶剂挥发比较剧烈时,不仅会顶起已固化的涂膜表面,还会在急剧膨胀的作用力下顶穿涂膜,形成针孔(图 6-7)。

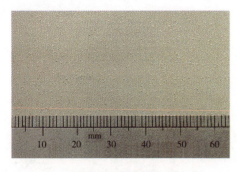

图 6-6 溶剂泡

图 6-7 针孔

导致溶剂泡的具体原因如下:

(1)使用了过于快干的、和环境温度不匹配的稀释剂。由于稀释剂挥发过快,涂膜表面过快干燥,导致涂膜内溶剂挥发时涂膜表面隆起。

(2)喷涂溶剂型涂料后用喷枪吹干涂膜。这样做同样会导致表面干燥较快,而使涂膜内溶剂无法顺利挥发。

溶剂泡往往会成片存在，大多数情况下的溶剂泡都位于清漆表面，打磨及抛光即可除去。但如果溶剂泡过于严重，打磨除去溶剂泡时或者抛光时涂膜可能会被磨穿，这种情况下只能打磨去除溶剂泡后再重新喷涂。

6. 针孔

如前所述，在涂膜上出现起泡或溶剂泡，并且泡的顶端出现针状小孔，这种缺陷称为针孔。

引起涂膜针孔的常见原因如下：涂料中混入杂质，如溶剂型涂料中混入水分；被涂物表面有污物；涂装过程中层与层之间闪干时间不充分；连续喷涂过厚，涂装后闪干不充分，烘干时升温过急，表面干燥过快；被涂物的温度高或者气温高，使用的稀释剂不够慢干。

抛光往往不能解决针孔缺陷。针孔可能产生在面漆层，也可能产生在防锈底漆、中涂底漆上，当缺陷发生时，必须打磨到针孔所在涂层，将针孔完全打磨去除，这样才能在重新涂装时不会再次出现针孔。

7. 砂眼

因为底材上有小孔（例如玻璃钢表面的小孔或者原子灰表面的小孔）没有填平，而导致喷涂面漆后表面仍然能看到这些小孔，这种缺陷称为砂眼，如图6-8所示。

因为砂眼往往是存在于底材上，如玻璃钢表面或者原子灰表面，故要避免砂眼最好的方法就是在喷涂中涂底漆前即使用本书中所介绍的玻璃纤维原子灰或擦涂免磨原子灰填平砂眼。有些时候，由于中涂底漆喷涂过厚导致起泡或者针孔，打磨时没有磨除，导致喷涂面漆时也会出现砂眼，由于砂眼往往深及底材，故需要打磨去除后再重新喷涂。

8. 流挂

涂料施涂于工件表面上后，部分湿膜的表面向下流坠，形成上部变薄，下部变厚的缺陷，称之为"流挂"。流挂的形态多种多样，有的面积较大成帘幕状，有的成条纹状、水柱状或波纹状（图6-9）。

图6-8　砂眼

图6-9　涂膜流挂

涂装作业中引起流挂的主要原因及预防措施见表6-3。

当发生流挂缺陷时，对于轻微、局部的清漆流挂，可以打磨、消除流挂缺陷后进行抛光处理，即可恢复涂膜的光泽和良好的外观效果。如果流挂缺陷比较严重，或者是发生在中涂底漆、底色漆上（最后在清漆层上显现出来），这时就必须彻底打磨掉流挂，再重新涂装面漆。

流挂产生的原因及预防措施　　　　　　　　　　　表6-3

缺陷产生原因	预 防 措 施
被涂工件温度过低	不要在低温环境中放过久的工件上直接喷涂，可以在喷涂前烤漆房升温，等工件温度升高后再喷涂
施工环境温度过低	烤漆房升温至25℃喷涂或使用适合于喷涂环境温度的稀释剂
喷枪出漆量调节过大	减少喷枪出漆量
喷枪距离过小	增加枪距
走枪速度过慢	增加枪速
涂料黏度过低	根据涂料厂商产品说明书将涂料调配到合适黏度
喷涂过厚	按照涂料标准工艺要求，喷涂合适道数，保证涂膜厚度合适
层与层之间闪干时间不足	层与层之间给予充分闪干时间

9. 失光

如果自然光照射到一个平滑和有光泽的表面，那么所有的光线会以同一个角度被反射。如果表面不平滑，那么光在有不平滑的部位就会以不同的方向被反射，光线就会被散射（图6-10），并且由于涂膜收缩等原因反射光的强度会减弱，当反射光量减弱到一定程度，涂膜表面光泽度就会受到明显影响，从侧面目测对比不同板块即可发现，我们把这种缺陷称之为"失光"（图6-11）。高光泽表现如6-12所示。

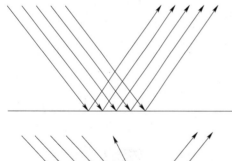
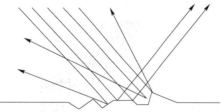

图6-10　光在平整表面反射及散射的对比

失光的程度可以用光泽仪测定，我们可以在一定反射角（20°、60°或85°）测量反射光强度，以其同样条件下在玻璃板上测得的反射光强度的百分比作为光泽度的大小。

涂装作业中，引起失光的情况很多，表6-4列出了主要的原因及预防措施。

失光的主要原因及预防措施　　　　　　　　　　　表6-4

产 生 原 因	预 防 措 施
涂膜过薄	按涂料标准工艺要求，喷涂合适道数，保证涂膜达到所需厚度
漆雾污染造成涂膜表面失光	调节烤漆房风速至0.2~0.6m/s；喷涂时注意顺序，先喷涂边角，再喷涂较大面积区域，以避免漆雾污染漆面
涂料过期或失效	检查涂料储存期，检查涂料储存条件

第六章 涂膜缺陷分析、判断及解决

续上表

产 生 原 因	预 防 措 施
底层涂料(包括填眼灰)为单组分易于吸收上层涂料中所含溶剂并收缩	使用双组分涂料;尽可能少使用单组分填眼灰,如果必须使用,尽可能在施工双组分中涂底漆前小面积使用
固化剂、稀释剂调配比例不对	按照涂料厂商所推荐的正确调配比例调配涂料
使用不配套的固化剂、稀释剂	根据涂料厂商产品说明书选择使用正确的固化剂、稀释剂
底涂层(例如中涂底漆)没有完全干燥即在上面喷涂下一层涂料	确保底层涂料(包括原子灰、防锈底漆、中涂漆等)完全干燥后再施工下一层
面漆未完全干燥即抛光	确保面漆完全干燥后再进行抛光

图6-11 翼子板失光

图6-12 高光泽的喷漆效果

如果涂膜厚度达标,只是由于流平或者漆雾污染造成失光,抛光即可解决;如果是面漆没有完全干燥造成,烘干涂层后再抛光也可以解决。如果是底涂层未完全干燥、底层涂料(包括填眼灰)为单组分、涂膜过薄或稀释剂调配比例不当造成,则抛光可以对失光有一定改善,但无法使其达到较佳光泽度;如果是固化剂调配比例不当、使用不配套的固化剂、稀释剂、涂料过期或失效造成失光,则需要打磨除去涂膜后重新喷涂。

10. 起雾(发白)

水汽凝结在涂膜表面,导致涂膜表面呈现乳白色的薄雾状,称之为"起雾"或发白(图6-13)。

涂膜起雾往往与天气密切相关,如果天气比较潮湿,当溶剂从涂膜中挥发时,工件表面温度会降低,使水汽凝聚,这就如同在冬天由室外进入到室内时,眼镜片温度较低会使室内空气中水分凝结在眼镜片上一样,水汽在涂膜表面凝结形成微小的水滴(水雾)就会造成起雾缺陷。使用质量差或干燥速度过快的稀释剂,以及用喷枪吹干涂膜,加速溶剂型涂料中溶剂的挥发等都可能会造成此类缺陷。

图6-13 起雾

涂膜起雾较轻微时,可待涂膜完全固化后抛光修复。涂膜起雾比较严重时,打磨涂膜表面,然后使用适当的稀释剂调配涂料重新喷涂。如果是色漆层出现起雾,则需给予色漆层充分的闪干时间,必要时适度升温以使色漆层表面水雾蒸发,然后选择合适的稀释剂调配色漆进行重喷。

11. 脱落

脱落是指某层涂膜从下面一层涂膜上或者从底材上脱落的缺陷,常见于保险杠等塑料件上的涂膜脱落,或者清漆从色漆表面脱落。

出现脱漆的原因主要有以下几点:首先是涂装材料的选择不当,不同的底材上需要选择合适的涂料,例如,在塑料件上,需要使用合适的塑料底漆及柔软剂等;也可能是由于被涂表面预处理及清洁不当,打磨不够充分使表面过于光滑,或存在蜡、油脂、硅酮树脂、油、脱模剂、水等污物,都会造成涂膜剥落。

当出现脱漆时,首先要判断清楚涂膜是从哪一层剥落,是底材与涂膜之间剥落,还是涂膜与涂膜之间剥落。要避免涂膜再次剥落,需要打磨去除剥落涂层,然后选择合适的工艺及材料重新进行涂装。

图 6-14　脏点

12. 脏点

在车身修复作业中,脏点是一种非常常见的缺陷,如图 6-14 所示。

产生脏点的原因不外乎以下几种,需要在涂装作业中对以下各方面加以严格控制:

(1)操作人员衣物上可能存在灰尘(如打磨产生的粉尘等)或纤维,故需要在喷涂面漆时更换专门的防静电喷漆工作服。

(2)涂料中可能存在颜料沉淀形成的颗粒,调漆杯中也可能有杂质,故需要对涂料过滤后再加入喷枪喷涂。

(3)烤漆房维护不好,一级滤棉或二级滤棉失效,喷涂时烤漆房进风中就会含有灰尘,导致脏点。

(4)车辆或工件进入烤漆房前应该彻底清洁,否则造成脏点的同时也会污染烤漆房过滤棉,增加抛光成本及烤漆房滤棉更换成本。

(5)使用报纸贴护或重复使用车衣做贴护。

(6)涂膜表面未干燥至不粘尘就移至烤漆房外。

涂膜表面的小脏点可以用砂纸打磨去除后抛光处理。如果杂质颗粒较大,深入涂膜内部较多,或者是底色漆表面的脏点,只能打磨涂膜至脏点被完全去除后,重新喷涂。

13. 羽状边开裂

在喷涂中涂底漆或者喷涂面漆后,原子灰边缘部位出现裂痕,导致返工,这种缺陷我们称之为羽状边开裂,如图 6-15 所示:

因为是原子灰边缘部位出现裂痕,很多人会从原子灰质量或者调配比例方面

图 6-15　羽状边开裂

寻找原因,其实导致这种缺陷的主要原因是刮涂原子灰之前羽状边处理不合格。如本书第四章第一节去除旧漆、羽状边打磨中所述,对于新部件,羽状边的合格标准是宽度须达到 20~30cm,用手检查时比较平滑、没有台阶。如果羽状边边缘打磨不够平滑,有台阶,或者打磨砂纸过粗(没有打磨到使用 P120 砂纸),在刮涂原子灰后,原子灰与旧涂膜的附着力及坚固性就受到影响,喷涂中涂底漆或者面漆后,其中所含溶剂会向下渗透侵蚀原子灰及旧漆边缘的结合部位,导致旧漆边缘溶解、膨胀、变形,从而导致羽状边开裂。

中涂底漆或者面漆喷涂过厚,或者使用的稀释剂过于慢干,或者喷涂时层与层之间闪干时间过短(类似于连续喷涂过厚),或喷涂时气温过低,这几种情况都可能导致其中所含的稀释剂侵蚀原子灰及旧漆边缘,从而促使造成羽状边开裂。故要避免羽状边开裂,首先是刮涂原子灰之前的羽状边需打磨至合格,其次是可能导致稀释剂侵蚀原子灰及旧漆边缘的诱因也要避免。

一旦出现羽状边开裂,就需要打磨开裂部位至完全去除,然后再次打磨羽状边,刮涂原子灰并重新喷涂中涂底漆、面漆。

14. 原子灰印

喷涂面漆后,原子灰部位沿边缘出现印迹,这种缺陷称为原子灰印,如图 6-16 所示。

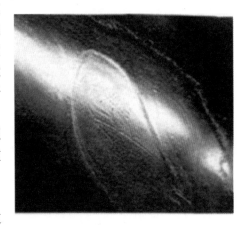

图 6-16 原子灰印

原子灰印的产生原因及预防措施见表 6-5。

原子灰印的产生原因及预防措施　　　　表 6-5

产 生 原 因	预 防 措 施
刮涂原子灰之前羽状边处理不合格	刮涂原子灰前,羽状边宽度须达到每层旧涂层宽度 5mm 左右,用手触摸检查时平滑、没有台阶
原子灰刮涂在单组分涂料,例如单组分中涂底漆上	不要将原子灰刮涂在单组分涂料上
原子灰使用固化剂比例过多或过少,造成固化不良,容易吸附溶剂而下陷	按照产品要求添加合适比例的固化剂
原子灰未完全干燥即进行下一步骤的施工	确保原子灰完全干燥后再打磨及喷涂中涂底漆
中涂底漆或者面漆连续喷涂过厚,或使用的固化剂、稀释剂过于慢干,或喷涂中涂底漆或面漆时层与层之间闪干时间过短,或喷涂时气温过低,造成中涂底漆或面漆中所含溶剂向下渗透侵蚀原子灰,导致边缘膨胀扩展	使用正确的配套固化剂、稀释剂,保证充足的层与层之间闪干时间
原子灰平整度不够,原子灰边缘未达到合格羽状,与周围旧漆或金属相比较高或较低	打磨原子灰时,最后须将边缘部位打磨至合格,打磨原子灰边缘时不要再继续打磨原子灰,而是同时扩大打磨周围旧漆以使原子灰整体与周围形成平整表面

一旦出现原子灰印,就需要打磨原子灰印部位,然后重新刮涂原子灰并重新喷涂中涂底

漆、面漆。

15. 咬底

下层涂膜未完全干固,当在上面喷涂油漆时,其中溶剂溶解部分下层涂膜,使下层涂膜表面产生隆起和缩皱,这种缺陷称为咬底,如图6-17所示。

咬底产生的原因及预防措施见表6-6。

咬底产生的原因及预防措施　　　　　　　　　　　　　表6-6

产 生 原 因	预 防 措 施
下层涂膜未完全干燥,例如面漆喷完后因为有缺陷重喷时,前一次喷涂的面漆未完全干燥。使用双组分底漆但是未干透,或者固化剂使用量不正确,喷涂面漆后咬底	对于未完全干燥的涂膜,须完全烤干后再打磨、喷涂下一层涂料。如果是由于固化剂添加不当造成不能完全干燥,则需要磨除涂膜后再次喷涂正确添加固化剂的涂料
下层涂膜质量不好或变质	对于已经变质的涂膜,如表现为粉化、开裂、失光的涂膜,须完全磨除后再喷涂双组分中涂底漆、面漆
中涂底漆或者面漆连续喷涂过厚,或使用的固化剂、稀释剂过于慢干,或使用了溶解力过强的稀释剂,或喷涂中涂底漆或面漆时层与层之间闪干时间过短,或喷涂时气温过低,造成中涂底漆或面漆中所含溶剂向下渗透侵蚀,导致原子灰边缘、单组分填眼灰或中涂底漆边缘产生咬底	使用正确的配套固化剂、稀释剂,保证充足的层与层之间闪干时间; 使用双组分原子灰、中涂底漆;不要使用单组分红灰或者单组分底漆

如果出现咬底,需要打磨除去咬底部位的所有缺陷,如果咬底比较严重,分布面积比较广,则说明发生咬底的涂膜都存在问题,需要完全打磨去除,然后喷涂双组分中涂底漆及面漆。

16. 渗色

喷涂面漆后,下面涂料的颜料渗入面漆涂膜,导致从外观看能从面漆中看到下面涂料的颜色,这种缺陷称为渗色,如图6-18所示。

图6-17　咬底

图6-18　渗色

渗色的产生原因及预防措施见表6-7。

一旦出现渗色,就需要打磨涂膜,重新整板喷涂双组分中涂底漆,然后再喷涂面漆。

渗色的产生原因及预防措施　　　　　　　　　　　　　　　　表6-7

缺陷产生原因	预防措施
原子灰加入过量固化剂,导致原子灰及固化剂中颜料渗浮入上层涂料	根据原子灰使用要求添加适量固化剂,喷涂面漆前不要有裸露原子灰
面漆改色时,下层涂料为深色(通常红色、黄色更易出现缺陷)单工序涂料,尤其当质量不好时,上层喷涂浅色面漆时下层涂料颜料会因溶解上浮而出现渗色	对于已经老化的涂膜需打磨去除老化层,喷涂改色面漆前需喷涂双组分中涂底漆

中涂底漆或者面漆连续喷涂过厚,或使用的固化剂、稀释剂过于慢干,或使用了溶解力过强的稀释剂,或喷涂中涂底漆或面漆时层与层之间闪干时间过短,或喷涂时气温过低,造成中涂底漆或面漆中所含大量溶剂向下渗透,在向上挥发时将底层颜料带至上层涂料。

因此要使用正确的配套固化剂、稀释剂,保证充足的层与层之间闪干时间。

17. 发花(起云)

银粉或珍珠漆表面颜色有差异,深浅不一致,这种缺陷称为发花,通常也称为起云,如图6-19所示。

银粉、珍珠漆发花的产生原因及预防措施见表6-8。

图6-19　发花

银粉、珍珠漆发花的产生原因及预防措施　　　　　　　　　　　　表6-8

产生原因	预防措施
稀释剂选择不当,过于快干或慢干	根据环境温度选择合适的稀释剂
稀释剂使用过多或过少不当	按照涂料厂商产品说明书添加合适比例的稀释剂
喷涂时,喷枪和板块的距离太近	使用正确的喷涂技巧,包括枪距,走枪速度等
喷涂间温度过低	烤漆房升温至25℃喷涂
层间静置时间太短	保证涂膜层间静置时间,可参照涂料厂商产品说明书或者等上层涂膜哑光后再喷涂下一层
过于干喷底色漆	合理调配喷枪,并按照合适的喷涂方法喷涂
过于厚涂底色漆,导致银粉排列杂乱	合理调配喷枪,并按照合适的喷涂方法喷涂
喷涂清漆前的静置时间不够	喷涂清漆前参照涂料生产厂商产品说明书给予底色漆充足静置时间再喷涂清漆

若在喷涂银粉、珍珠底色漆时出现发花,可按照表6-8查找原因,调整存在问题的方面,使用正确的施工方法重新喷涂。

若喷涂了清漆之后才发现发花,则需要打磨清漆层至哑光,重新按照正确的施工方法喷涂底色漆及清漆。

18. 抛光纹

漆面抛光后,涂膜表面有细微的划痕,一般是螺旋纹(图 6-20)。

抛光纹产生的原因及预防措施见表 6-9。

抛光纹产生的原因及预防措施　　　　　　　　　表 6-9

产 生 原 因	预 防 措 施
漆面未充分固化就研磨抛光	等涂膜完全固化后,研磨、抛光
研磨砂纸太粗或者抛光剂过粗,抛光轮、擦拭布上有杂质或太粗	使用正确型号、细度的研磨剂、抛光剂。抛光轮、抛光布要柔软、清洁

如是漆面未充分固化就研磨抛光,可使用红外线灯烘烤至干燥后重新抛光。抛光纹严重的情况下,需要打磨后重新喷漆。

二、施工技术、材料、外界环境等原因导致的完工后涂膜缺陷分析、判断及解决

涂膜受到酸、碱性物质及工业沉降物或其他污染物,如沥青、机油、蓄电池电解液、鸟粪、树液、酸雨、花粉、炼钢厂产生的粉尘、锅炉烟囱冒出的炭黑等的影响,会导致涂膜缺陷。一般会表现为污染物渗入漆面导致隆起、变色甚至开裂和剥落。强烈的温度变化,包括高温或低温,或者太阳光的强烈照射,尤其是其中紫外线的破坏作用,还有滨海区域空气中盐分较大,都有可能对漆面质量和寿命产生影响,导致一些缺陷的产生。

1. 开裂

涂膜如同干涸的池塘一样出现裂缝,这种缺陷称为开裂或者龟裂,如图 6-21 所示。

图 6-20　抛光纹

图 6-21　开裂

涂膜产生开裂的原因及预防措施见表 6-10。

涂膜开裂的产生原因及预防措施　　　　　　　　　表 6-10

缺陷产生原因	预防措施
涂料耐候性不够好	使用耐候性好的高质量涂膜
涂膜短时间内经历高温、低温变化,因反复剧烈膨胀和收缩而变硬变脆导致开裂	提醒车主在极端天气情况下尽量将车辆置于车库内或者罩车衣保护。尽量避免车辆涂膜所处环境温度急剧变化

续上表

缺陷产生原因	预防措施
涂料施工时使用了过量固化剂	使用正确比例的配套固化剂
涂膜总厚度过厚	对于多次（四次及以上）喷涂过的车辆，修补时需磨除原厂漆之外的其他油漆层，再喷涂中涂底漆及面漆
涂膜喷涂过厚	根据涂料厂商提供的产品说明调配涂料，喷涂合适的层数，确保涂膜厚度合理
在塑料表面涂装时，双组分中涂底漆或者面漆没有添加柔软剂	塑料涂装时，需根据塑料柔软程度在双组分中涂底漆或者面漆中添加柔软剂

对于已经开裂的漆面，要打磨至完全除去裂纹，对于严重的大面积的裂纹，还要打磨完全去除裂纹所在涂膜，然后重新喷涂中涂底漆及面漆。

2. 水斑

涂膜表面的雨水或者洗车所用的自来水受热蒸发后，水滴部位形成一个白色环状的水滴痕，用普通的清洁方法不能除去，这种缺陷称为水斑（图6-22）。

图6-22 水斑

产生水斑的原因是水分中含有钙等矿物质，当水分受热蒸发时，部分水分受热渗入受热软化的涂膜，残留下来的矿物质渗入涂面。新喷涂膜没有完全干燥前，更易受到水分的影响，这时要避免车身接触水分。洗车时尽量不要在阳光暴晒下洗车，洗车后车辆表面的水滴要尽快擦掉，避免受热蒸发。

3. 石击损伤

在车辆行驶过程中，会有一些小石子撞击涂膜而导致涂膜脱落，称为"石击损伤"（图6-23）。石击损伤经常发生在车辆发动机罩或车顶的前端边缘。涂膜剥落的部位通常会形成锐利或锯齿状的表面，有时会导致该区域中间部位产生小凹陷。

图6-23 石击损伤

当车辆出现石击损伤时，须打磨掉缺陷区域的涂膜，磨出羽状边，用原子灰或用中涂底漆填平，然后继续涂装中涂底漆和面漆。如果石击部位已经出现生锈现象，必须将锈蚀完全去除。

喷涂原厂新部件时，没有喷涂中涂底漆，而是在电泳底漆上直接喷涂面漆，以及喷涂塑料件时，中涂底漆和面漆没有根据塑料的柔软程度添加柔软剂，都会导致涂膜的抗石击能力下降，更易于被石子、沙粒打掉涂膜。

4. 粉化

涂膜表面受紫外线、氧气、水分的作用发生老化，树脂及颜料变质导致粉状脱落，表面上释出有色粉末且失去光泽，这种缺陷称为粉化（图6-24）。

图6-24 粉化

涂膜粉化产生的原因和预防措施见表6-11。

涂膜粉化产生的原因和预防措施 表6-11

缺陷产生原因	预防措施
涂料耐候性不够好	使用耐候性好的高质量涂膜
涂膜短时间内经历高温、低温变化，因反复进行较剧烈的膨胀和收缩而导致树脂粉状脱落	提醒车主在极端天气情况下尽量将车辆置于车库内或者罩车衣保护。尽量避免车辆涂膜所处环境温度急剧变化

一旦出现涂膜粉化，须将粉化涂层彻底打磨去除，再重新喷涂双组分中涂底漆及面漆。

5. 褪色

在有些情况下，如紫外线的照射，涂膜的颜料变质导致颜色褪色，树脂变质导致颜色变黄，这种颜色的变化称为褪色（图6-25）。

褪色与涂料耐候性有很大关系，往往是由于色漆中所含颜料或者清漆的耐紫外线能力不够所造成。

褪色往往与粉化、完全失光同时出现，是涂膜老

图6-25 褪色

化的表现，一旦出现其中任何一个缺陷，须将缺陷涂层彻底打磨去除，再重新喷涂双组分中涂底漆及面漆。

按照《涂层自然气候曝露试验方法》（GB/T 9276—1996）对耐候性的要求，汽车漆涂膜需能在中国海南省三亚的暴晒试验场暴晒2年，失光率不大于30%且经过抛光后能够恢复原光泽，颜色变化$\Delta E<3$，附着力无变化（100%合格），暴晒4年不应出现开裂。按照《测定耐湿热、耐盐雾、耐候性（人工加速）的漆膜制备法》[GB 1765—1979（1989）]的要求，单工序纯色漆须能在人工气候老化仪中耐800h（相当于暴晒2年）测试，金属漆须能耐1200h（相当于暴晒3年）测试。故如果一辆单工序纯色面漆的车辆在2年内、双工序面漆车辆在3年内出现粉化、褪色、开裂、严重失光，说明其所使用的涂料或者工艺达不到我国国家标准要求；很多大的汽车涂料厂商的企业标准要高于以上国家标准，涂膜需能在人工气候老化仪中耐2000h（相当于暴晒5年）。

第二节 撰写涂膜缺陷分析报告

涂膜缺陷分析报告撰写方法(高级技师技能)。

能撰写涂膜缺陷分析报告(高级技师技能)。

一、《涂膜缺陷分析报告》组成结构

1. 基本信息

包括申请提供《涂膜缺陷分析报告》的公司名称、地点,联络人或当事人及其联系方式,申请日期等基本信息。

2. 涂膜缺陷描述

描述涂膜缺陷的外观、表现,附涂膜缺陷拍摄照片。

3. 使用产品及施工工艺记录

对施工现场所使用的各类产品以及所采用的施工方法,工艺流程做准确要点记录。

4. 测试或分析方法/检测仪器/参考依据

列出使用的检测或分析方法、检测仪器或参考依据(如:ISO 国际标准或 GB 国家标准)。

5. 分析结果

包括所分析的涂膜缺陷的标准名称,提供测试数据(如有),分析结论。

6. 涂膜缺陷原因分析

具体分析涂膜缺陷的成因是来自于使用的产品、设备、工艺流程等方面中的哪些方面。

7. 改进建议

针对涂膜缺陷原因,提供改进建议以避免类似缺陷再次发生。

8. 报告方信息

提供报告方信息,如报告公司、报告人、日期等。

二、《涂膜缺陷分析报告》模板

涂膜缺陷分析报告(模板)

报告单位:_____ 报告人:_____ 日期:_____
发生单位:_____ 地　点:_____ 日期:_____
当事人(联系人):_____ 联系方式:_____

一、涂膜缺陷描述:	
	(涂膜缺陷照片)

续上表

二、使用产品及施工工艺记录:
三、测试或分析方法/检测仪器/参考依据:
四、分析结果:
五、涂膜缺陷原因分析:
六、改进建议:

报告撰写单位(盖章):＿＿＿＿＿＿＿＿

报告人:＿＿＿＿＿＿＿＿

日期:＿＿＿＿＿＿＿＿

三、《涂膜缺陷分析报告》撰写样例

涂膜缺陷分析报告(模板)

报告单位:_____ 报告人:_____ 日期:_____

发生单位:_____ 地　点:_____ 日期:_____

当事人(联系人):_____ 联系方式:_____

一、涂膜缺陷描述:

如右侧照片所示,车头部位油漆成片剥落。

二、使用产品及施工工艺记录:

现场所见使用的油漆产品为:×××品牌×××系列。

施工步骤:1. 新保险杠表面打磨,打磨材料:××品牌 P500 砂纸。

2. 打磨后表面清洁除油,除油剂编号:×××。

3. 喷涂色漆,稀释剂:×××,配比:1:0.8。

4. 喷涂清漆,固化剂:×××,稀释剂:×××,配比:2:1:0.05。

三、测试或分析方法:

1. 目测鉴定。

2.《漆膜划格试验法》(GB/T 9286—1998)。

四、分析结果:

漆面脱落,漆膜与底材之间附着力不合格。使用《漆膜划格试验法》(GB/T 9286—1998)对漆膜附着力进行测试,结果为 4 级,不合格。

五、涂膜缺陷原因分析:

新保险杠表面打磨不合格,并且未喷涂可调灰度自流平中涂底漆,使得漆面附着力差,从而导致新喷漆面脱落。

六、改进建议:

1. 清洁除油。

2. 使用 P320 干磨砂纸及 P360 菜瓜布打磨,并再次清洁除油;并使用防静电清洁剂清洁。

3. 喷涂可调灰度自流平底漆,闪干 15min。

4. 喷涂色漆。

5. 喷涂添加了柔软剂的清漆。

报告撰写单位(盖章):_____

报告人:_____

日期:_____

参 考 文 献

［1］中国汽车维修行业协会. 车身涂装［M］. 2 版. 北京：人民交通出版社，2014.
［2］易建红. 汽车涂装基础［M］. 北京：人民交通出版社股份有限公司，2017.
［3］深圳市美施联科科技有限公司. 德国 SATA 喷涂设备培训教程［M］. 沈阳：辽宁科学技术出版社，2017.

全国交通运输行业职业技能鉴定教材——汽车维修工

书　名	书　号	定价(元)	作　者
职业道德和基础知识	14075	50	交通运输部职业资格中心
汽车检测工、汽车机械维修工、汽车电器维修工职业技能鉴定教材(初级、中级、高级)	14092	60	交通运输部职业资格中心
汽车检测工、汽车机械维修工、汽车电器维修工职业技能鉴定教材(技师、高级技师)	预计2018年3月出版		交通运输部职业资格中心
汽车车身整形修复工职业技能鉴定教材	14220	120	交通运输部职业资格中心
汽车车身涂装修复工职业技能鉴定教材	14252	50	交通运输部职业资格中心
汽车美容装潢工、汽车玻璃维修工职业技能鉴定教材	14223	50	交通运输部职业资格中心

其他汽车维修类图书

书　名	书　号	定价(元)	作　者
汽车维修从业人员安全生产指南	11697	48	中国汽车保修设备行业协会
汽车维修企业转型发展典型案例	11696	68	中国汽车维修行业协会
汽车美容——车身清洁维护岗位技术培训教材(第二版)	13414	30	吴晋裕
机动车维修价格结算员素质教育读本	11380	28	本书编写组
机动车维修业务接待员素质教育读本	11381	38	本书编写组
汽车钣金	11206	39	岸上善彦
汽车涂装	11020	48	末森清司
液化天然气(LNG)客车使用与维修手册	11526	36	金柏正
I/M制度在汽车维护中的应用	13659	50	刘元鹏
《汽车维修业开业条件》(GB/T 16739—2014)宣贯读本	12125	36	张学利　蔡凤田

★ 咨询电话:010 - 85285003　010 - 85285852
★ 欢迎加入汽车维修类图书QQ交流群:569603680
★ 邮箱:dlyscbzx@163.com